超疏水路面材料、结构与应用

高英力　段开瑞　著

科学出版社

北　京

内 容 简 介

本书介绍了由超疏水仿生材料制备得到的超疏水抗凝冰功能层在公路路面防覆冰领域（包括水泥混凝土路面和沥青路面）的研究与应用。全书内容主要包括：绪论，超疏水路面防覆冰理论，超疏水水泥混凝土路面结构、材料与性能，超疏水沥青路面的结构、材料与性能，超疏水-自发光水泥基路面材料与性能，超疏水路面材料与结构的未来研究及发展方向。本书通过自主设计试验，系统地评价了超疏水抗凝冰功能层的防覆冰效能与长期性能，揭示了其微观作用机理，并结合工程实例，展示了超疏水抗凝冰功能层在公路领域的应用，对超疏水路面结构与材料的发展趋势和前景作出了前瞻性的预测和评价。

本书可适用于交通与土木类高等院校交通运输工程、土木工程、材料科学与工程等学科的研究生的教学用书，也可作为从事道路、桥梁、隧道、工民建、铁路等设计、施工和管理等研究的科研人员的参考用书。

图书在版编目(CIP)数据

超疏水路面材料、结构与应用/高英力，段开瑞著. —北京：科学出版社，2022.1
ISBN 978-7-03-071254-7

Ⅰ. ①超… Ⅱ. ①高… ②段… Ⅲ. ① 路面材料-研究 Ⅳ. ① U416.21

中国版本图书馆 CIP 数据核字（2021）第 000894 号

责任编辑：童安齐 / 责任校对：王万红
责任印制：吕春珉 / 封面设计：东方人华设计部

科 学 出 版 社 出版
北京东黄城根北街 16 号
邮政编码：100717
http://www.sciencep.com
北 京 中 科 印 刷 有 限 公 司 印刷
科学出版社发行　　各地新华书店经销
*
2022 年 1 月第　一　版　　开本：B5（720×1000）
2022 年 1 月第一次印刷　　印张：9 1/2
字数：178 000

定价：98.00 元

（如有印装质量问题，我社负责调换〈中科〉）
销售部电话 010-62136230　编辑部电话 010-62143239

前　言

我国地域辽阔，地形、地貌差别较大，各地气候不一，道路交通受自然环境影响极大，尤其是道路结冰给人民财产安全带来了严重的威胁。近年来，受寒潮影响，我国南方大部分省份出现了大面积雪灾，致使机场、高速公路、国道及大部分城市公路被迫关闭，造成了巨大的经济损失。与此同时，传统公路除冰方法具有被动、低效、对路面损伤大等缺点。例如，化学除冰法易腐蚀路面结构且成本较高；人工或机械除冰能耗大、效率低，影响交通的及时恢复；微波除冰、电缆加热、导电混凝土等受技术与成本因素制约也难以推广应用。因此，急需研发一种施工简便、性价比高、低能耗且高效率的主动除冰雪技术，以保证极端冰雪气候条件下道路交通的通行服务能力。

由"类荷叶超疏水仿生材料"制备得到的抗凝冰涂层，因其表面特有的微纳米二级复合结构和低表面能物质，可有效降低基质表面的覆冰量以及冰与基质间的附着力。近些年，已被广泛应用于航天和电力等领域。然而，超疏水材料在公路路面防覆冰领域却鲜有报道。这种主动型防覆冰疏水仿生材料相比于传统的除冰技术而言，具有性质稳定、无毒无污染、施工工艺简单、周期短、疏水防冰性能优异、耐久性好等优点，能够较好地解决路面因冬季降雪结冰而引发的交通安全隐患等问题，并带来显著的经济、社会及环保效益。随着相关理论与研究的不断深入，超疏水仿生材料在未来必将成为公路工程防覆冰技术领域中的佼佼者，并得到大规模的推广与应用。

作者近年来在超疏水防覆冰研究领域开展了大量的探索试验研究，同时借鉴了前人的部分研究成果撰写成本书，旨在对超疏水抗凝冰功能层的设计原则、作用机理、防覆冰效能、长期性能、微观结构特点等进行较为系统的介绍，为公路路面防覆冰领域的科研人员与工程技术人员提供一定的理论和实践参考。同时，本书还对未来超疏水抗凝冰功能层在公路路面的发展趋势及前景做出相应的预测和评价，希望能为该材料体系的后续大规模应用起到一定的推动作用。

本书的相关研究获得国家自然科学基金项目（项目编号：51978080、U1833127）、湖南省自然科学基金项目（项目编号：2018JJ4016）和湖南省教育厅重点项目（项目编号：18A129）等资助，作者在此表示诚挚的谢意。

本书由高英力、段开瑞撰写。参加本书所涉及的研究项目工作的主要为作者及其科研团队的博士、硕士研究生，他们是黄亮、代凯明、李学坤、何倍、廖美捷、曹韩硕、龙国鑫、卜涛、孟浩、胡新浪、谷小磊和谢雨彤，在此对他们所付出的努力表示衷心的感谢！

由于作者水平有限，书中难免有疏漏之处，敬请广大读者批评指正。

高英力

2020 年 6 月于长沙

目　　录

第一章 绪 论

1.1 超疏水路面材料的研究背景

我国国土面积辽阔、地势多样且受大陆性气候影响较明显，冬夏两季的平均气温与同纬度其他国家或地区有较大差异，冬季气温低于同纬度地区，夏季气温高于同纬度地区，气温年差较大。在冬季，我国大部分地区遭受雨雪冰冻天气的影响，特别是在东北、西北、华北等地区积雪长达几个月。在恶劣天气下，路面积雪结冰严重影响路面行车安全，当汽车行驶在冰雪覆盖的路面时，由于摩擦系数较小，如果车速较快或紧急制动，汽车容易失去控制，导致发生安全事故。据报道，冰雪天气造成的危害随着冰雪厚度的变化而变化，当气温低于 0℃且 5cm≤d（厚度）≤15cm 时，路面冰雪“昼化夜冻”，交通事故最容易发生。在冬季严寒冰冻条件下，路面结冰层与路面的附着力较大，部分雨水渗入路面孔隙结冰，与路面结构形成物理联结，因此常用的除冰方法效率低下，在极端天气下大部分水分尚未流出路面便已结冰，结冰层难以清除，造成安全隐患，引发安全性问题（图 1.1），甚至导致公路全线瘫痪。

图 1.1 道路结冰引发的交通安全事故

1.2 传统公路路面防冰除冰技术及应用

目前，国内外用于道路防冻抗滑的融冰除雪技术主要分为三类，即清除法、融化法及其他方法。清除法包括人工清除法、机械清除法等；融化法包括化学融化法及热融化法；其他方法包括撒布砂石材料法及物理抑制法，具体方案如图 1.2 所示。

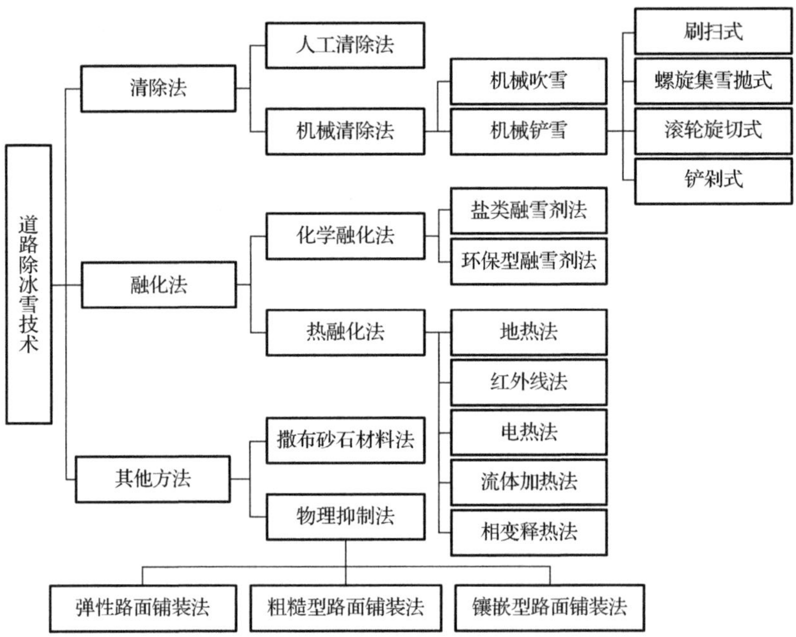

图 1.2 道路除冰雪技术方案汇总

（1）人工清除法。人工清除法是指在道路结冰积雪以后，通过人力使用铁锹、铁铲等器械对道路结冰进行人工击打破碎和刮铲破碎的处理方法（图 1.3 和图 1.4），这种方法人力投入大、除冰效率低，目前只应用于一些低等级高速公路、城市非干线道路以及一些乡村公路的交通疏通和恢复。随着经济的快速发展，劳动力价格和道路交通量也不断上涨，该方案在经济上和效率上都表现出一定的不足，势必要被其他效率高、成本低、干扰小、机动灵活的除冰雪技术所替代。

（2）机械清除法。社会工业化的到来给各行各业制造出各种机械，人类在享受双手被解放的同时更提高了工作效率。就道路除冰雪来说，多形式的机械道路除冰机械已经被应用到日常的道路维护工作中，根据除冰方式的不同主要可分为机械吹雪和机械铲雪两种。

图 1.3 人工击打破碎道路冰雪

图 1.4 人工刮铲破碎道路冰雪

机械吹雪由于功率有限，除冰力度较小，目前只适用于厚度比较薄且未经车辆碾压的路面松散冰雪，一般用于小范围内除雪作业，如小区道路、机场等（图 1.5）。相比之下，机械铲雪一般同路面冰雪直接作用，通过刮、削、扫、铲等将冰雪从道路上清除（图 1.6）。常见的铲雪机械包括刷扫式除冰雪机具、螺旋集雪抛式除冰雪机具、滚轮旋切式除冰雪机具和铲剁式除冰雪机具等。机械铲雪虽然具备除雪能力强、效率高，机动性能好且兼具对路面损伤小等技术特点，在公路交通除雪疏通方面得到了推广，但是它会对路面产生十分明显的损伤，影响路面的使用性能和寿命。

图 1.5 机械吹雪

图 1.6 机械铲雪

（3）化学融化法。化学融化法是指在道路表面撒布化学物质来融化路表结冰，进而达到清除路面结冰积雪的目的。根据所用融雪剂主要成分不同可分为盐类融雪剂和环保型融雪剂。其中盐类融雪剂又分为氯盐类融雪剂、非氯盐类融雪剂及混合型融雪剂三大类。氯盐类融雪剂常见的主要有氯化钠（NaCl）、氯化钙（$CaCl_2$）、氯化镁（$MgCl_2$）及氯化钾（KCl）四种。其中，氯化钠因具备融冰除雪效果好、价格低廉实惠等特点，得到了公路管理部门的青睐和应用。但需要注意的是，氯盐类融雪剂在液体溶液中能电离出氯离子，会对道路桥梁中钢筋护栏等结构造成腐蚀伤害。同时也可能使道路周边土壤盐渍化，影响植被正常生长，甚至污染沿途水源，造成严重生态破坏。也正是这些负面影响，使得氯化盐类融雪剂的使用受到了一定的限制和争议。

非氯盐类融雪剂主要是指不含氯离子的融雪剂，目前的研究主要聚焦在乙酸盐类。在为数众多的乙酸盐类物质中乙酸钙镁（又称为 CMA）因其具有无氯、无污染、环境友好等优势，是应用最早也是最广的非氯盐类融雪剂。

混合型融雪剂则是将以上二者相结合复配得到的一种新型融雪剂，由于非氯盐类物质的掺入大大削弱了氯离子“盐害”作用，同时又保持了氯盐类融雪剂的融冰雪效果，也是目前使用较为广泛的融雪剂之一。

随着人们环保意识的增强，社会对融雪剂生态环保等方面的要求越来越高，传统的含氯类融雪剂已经有违当前社会发展趋势，于是环保型融雪剂成为当前备受关注的热点（几种常见融雪剂的性能比较见表 1.1）。另外，一些有机类环保融雪剂如醇类、尿素等物质也被用于道路融冰除雪，但其价格高昂，经济性太差，因此目前还很难大范围推广使用。

表 1.1 常见融雪剂的性能比较

类别	金属腐蚀性/%	水泥腐蚀性	对土壤的影响	对地下水的影响	冰点/℃	融雪速度/%	适合的工作温度/℃	保持（雪前喷洒）/d
NaCl	100	强烈破坏	土壤板结	较大	−21	100	−10～−1	1
$CaCl_2$	50～70	强烈破坏	轻度板结	较小	−50	150	−30～−1	1～2
$MgCl_2$	40～60	轻微破坏	影响较小	无害	−33	150	−20～−1	2～3
环保型	5～20	几乎无破坏	改良碱性土壤	无害	−60	200	−40～−1	4～7

（4）热融化法。热融化法是指利用预先设置于路面结构中的设备或者物质，在路面结冰积雪时将其他形式的能量转化为热能释放出来，使路面吸热升温，进而达到预防道路结冰以及融化道路表面凝结冰晶及霜雪效果的技术方法，具有代表性的有地热法、红外线法、电热法、流体加热法及相变释热法等。

地热法是指利用道路周边地表的浅层地热，通过埋设导热管道或者导热片等设施用以维持道路表面温度、防治道路结冰积雪的处置方法。地热融冰思维起源于 20 世纪 80 年代后的欧洲，以奥地利为首的阿尔卑斯山地国家率先提出浅层地热源基础这一开创性技术。在之后的几十年里，这一技术在欧洲大陆以及美、日等国家的道路桥梁融冰除冰领域得到充分发展，也形成了较为成熟的理论体系和工程经验。以北欧的冰岛为例，现已建成 35 万 m^2 的地热融雪交通系统，年利用热能总量超过 400kJ，约占地热能利用总量的 2%。而在我国，目前地热应用主要集中在民用房屋建筑，对于地热在公路交通融冰除雪方面的研究尚处于科研阶段。比如以吉林大学和重庆交通大学等为代表的广大科研院校，已经提出了以太阳能蓄热融冰设想，利用地下蓄热及地下传热思维用以解决道路结冰问题。虽然该技术具备绿色环保、生态可持续等优点，但存在效率低、耐久性差，又有初期资金投入大等问题，目前在国内应用较少。

红外线加热法形式多样，有利用液化石油气或天然气为燃料的红外加热除冰车，其通过高温加热的金属板对道路表面进行红外热辐射，用以除去道路表面黏结的薄冰和霜雪。也有针对桥梁的在桥面底板设置大功率红外加热灯，以防止桥面板在冬季严寒天气下凝霜结冰。红外除冰技术具有主动除冰且便于控制等技术特点，但因其升温迟缓、除冰效率低下等不足，目前也很少应用。

电热法融冰技术在国内由武汉理工大学率先提出并研发，该技术主要是通过在路面铺装材料中掺加聚合物、碳类物质以及金属类等导电材料，如碳粉、石墨粉、碳纤维、钢纤维及钢渣等使路面获得良好的导电性能。在冬季严寒低温条件下，通过对道路通电，使掺杂在路面中的导电材料发热，继而路面温度升高，防止道路结冰或融化道路表面的凝结冰雪。由于该技术常用于混凝土路面除冰雪，常被称为导电混凝土技术。另外，也有部分专家学者通过在道路铺装前设置发热电缆用以防治道路结冰凝雪，也称为发热电缆除冰雪技术。电热法融冰雪法，虽然有无污染、热稳定、控制方便等优点，但在施工建造、后期维修及前期投入等方面都存在一定的缺陷。

流体加热法需要在道路施工前按照一定间隔预设相应数量的导管（常见的如金属铜管、钢管以及聚合物 PVC 管等），通过在导管内注入加热处理过的水及其他液态物质，以达到调控道路表面温度在一定范围内的目的。该技术虽然原理简单，但在实际操作过程中还存在一定问题，其中反映最为频繁的就是管内液体渗漏问题。

相变释热法是指利用物质从某种状态转化为另一种状态所释放的潜热，减缓或防止道路表面结冰的除冰方法。一般地，所用的相变物质为液-固相变材料，其相变温度稍高于冰的成核温度。该技术在道路冰雪防治方面的确具有一定的作用，而不足主要集中在施工的便易性和经济性等方面。另外，由于相变材料一般都需要进行封装，无论是用金属管还是胶囊法封装，泄漏问题依然存在。

（5）撒布砂石材料法。众所周知，在道路表面铺上一定粒径范围内的细砂、石屑、煤渣、炉灰等薄层可以起到增加道路摩擦系数，改善抗滑性能的作用。另外，粒径不同的砂石颗粒使路表凝结的冰松散不一、强度各异。在反复作用的行车荷载力下，路面冰更容易被破碎与清除。也就是说，道路表面的砂石材料具备除冰雪的作用，进而可以改善道路防冻抗滑性能，但铺设于路表的这种薄层在短时间内就会被全部磨耗掉，而且除冰效果并不是十分理想。

（6）物理抑制法。常说的物理抑制法又被称为自应力弹性抑制结冰法。该技术主要针对沥青混凝土路面，通过道路和轮胎表面的接触和形变带来的自应力作用来破碎融化和抑制路面冰的成核结晶，继而达到防冻抗滑的目的。一般地，物理抑制法根据力学特性可细分为弹性路面铺装法、粗糙型路面铺装法和镶嵌型路面铺装法三大类。物理抑制法在除冰雪性能方面虽然不如人工除冰、机械除冰、撒布融雪剂以及热力融冰等技术效果明显，但在冬季严寒条件下与其他形式的方法综合采用，能够强化融冰除雪效果，节约大量经济成本，简化道路管理工作。其缺点就是会明显影响路面平整度等路用性能，加速路面病害的产生。表 1.2 总结了上述道路融冰雪技术方案，对比分析各方案的优点与不足。

表 1.2　常见融冰雪方法对比

<table>
<tr><th colspan="3">融冰除雪方法</th><th>优点</th><th>缺点</th></tr>
<tr><td rowspan="3">清除法</td><td colspan="2">人工清除法</td><td>较为彻底</td><td>效率低、影响交通、浪费人力</td></tr>
<tr><td rowspan="2">机械清除法</td><td>机械吹雪</td><td>安全环保</td><td>使用范围小、费用高</td></tr>
<tr><td>机械铲雪</td><td>面积大、速度快</td><td>清除不彻底、影响交通、设备昂贵、闲置时间长、经济效益差</td></tr>
<tr><td rowspan="9">融化法</td><td rowspan="4">化学融化法</td><td>氯盐类融雪剂[1]</td><td>材料来源广泛，价格便宜</td><td>污染环境、腐蚀钢筋等、破坏路面结构</td></tr>
<tr><td>非氯盐类融雪剂</td><td>环保、无污染、融雪较快</td><td>价格较贵</td></tr>
<tr><td>复合型融雪剂</td><td>较为环保，融雪较快</td><td>轻度污染，融冰效果一般</td></tr>
<tr><td>环保型融雪剂[2-3]</td><td>环保融雪比氯盐类快</td><td>价格较贵，难以推广</td></tr>
<tr><td rowspan="5">热融化法</td><td>地热法</td><td>能源清洁、绿色环保</td><td>融雪效率低、初期投入大、耐久性差</td></tr>
<tr><td>红外线法</td><td>自动融雪、易于控制</td><td>融冰迟缓、受外部风向影响大</td></tr>
<tr><td>电热法</td><td>绿色环保、设施简单、加热效果好</td><td>价格昂贵、不易控制和维修</td></tr>
<tr><td>液体加热法</td><td>绿色生态、节能环保</td><td>安全性不好、价格昂贵、容易渗漏</td></tr>
<tr><td>相变释热法[4-5]</td><td>融冰智能、主动</td><td>容易发生泄露、造价昂贵、施工复杂</td></tr>
<tr><td rowspan="4">其他方法</td><td colspan="2">撒布砂石材料法</td><td>操作简单、易清除、无污染、原材料易于获取</td><td>融冰能力有限</td></tr>
<tr><td rowspan="3">物理抑制法</td><td>弹性路面铺装法</td><td>较好的融冰性能、能降低路面行车噪声</td><td>施工难度大、易老化、寿命短</td></tr>
<tr><td>粗糙型路面铺装法</td><td>具有一定的抗冻、防滑性能</td><td>路面孔隙大，除冰能力有限</td></tr>
<tr><td>镶嵌型路面铺装法</td><td>路面抗冰冻、抗滑</td><td>破坏了路面原始状态、易出现坑槽松散等</td></tr>
</table>

1.3　超疏水路面的发展及特点

区别于传统的公路除冰防冰技术，超疏水涂层作为一种“主动型”防冰除冰材料，在延长冰凝结时间、降低冰附着力以及加速雪水滚落三个方面均表现极其优异的效果[6-7]。这里需要特别指出的是，近年我国极端雨雪天气持续增多，使公路路表极易被冰雪快速覆盖，在路面已结冰的情况下，降低“冰-路”附着力，实现快速除冰，则成为公路除冰养护技术的一种重要控制手段。因此，将超疏水-防覆冰技术运用到公路路面除冰养护中，快速清除路面冰雪，保证行车安全，降低交通事故发生概率，在理论和技术上完全可行[8-9]。目前，国内外已有研究人员将超疏水涂层应用于水泥混凝土和沥青混凝土中。

美国威斯康星大学密尔沃基分校的 Konstantin 等[10]以硅烷类物质和纳米颗粒及 PVA 纤维为主要原料，设计并制备出了用于路面混凝土材料表面疏水改性的超疏水乳液涂层材料，该涂层可以起到降低冰与混凝土之间附着力的作用。在他们的系列研究中，还利用疏水材料制备出了疏水性水泥基工程复合材料，并将其用于公路工程关键结构（如桥梁等），这不仅对提升混凝土构件抗冻、防冰以及耐久性具有显著的效果，而且对混凝土的抗弯拉强度和抗压强度也有一定的改善作用。Scott 等[11]也发现通过硅烷类物质及纳米改性颗粒制备的超疏水材料也可有效降低冰与普通混凝土之间的附着力，提升其表面抗凝冰性能。

Machado 等[12]利用改性沥青作为基质材料，将含氟物质与纳米氧化钙作为疏水改性剂，将浓度控制在 5mg/L。在特定反应条件下，将改性剂与沥青基质相结合，并对结合后的沥青表面进行接触角及防覆冰性能试验。试验结果表明：经过处理的试件表面的接触角大小超过未处理表面 65°，且达到了超疏水范畴。除此之外，通过分析对比两组试件表面结冰形貌并进行除冰效果试验，证明了处理后的试件具有更好的抗凝冰性能，如图 1.7 和图 1.8 所示。

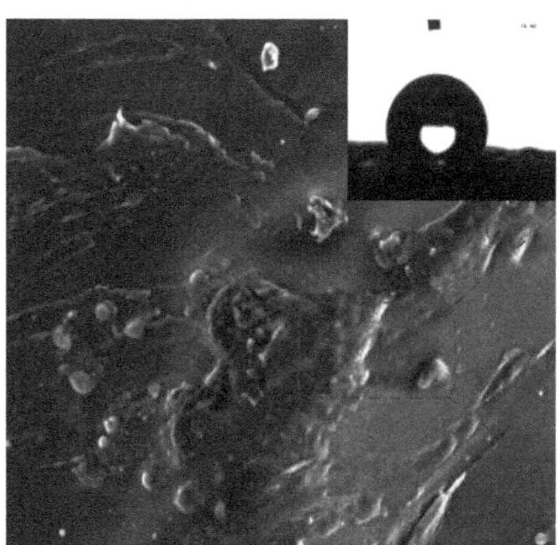

图 1.7 具有纳米颗粒的扫描电子显微镜（scanning electron microscope，SEM）图像

图 1.8　被超疏水材料处理过的沥青试件表面

美国内华达大学的 Ramachandran 等[13]通过具体的理论计算，发现超疏水表面可通过延缓水的结冰、促进液滴在结冰前滚落以及抑制霜的形成三个方面，提升抗凝冰性能。与此同时，他们发现表面能大小及表面微观形貌可以显著影响物体表面的疏水性能。基于上述理论，他们制备了具有一定抗凝冰性能的混凝土试件，降低了冰与普通混凝土之间的附着力。

Song 等[14]根据超疏水材料的防腐蚀及耐水性能等特点，将其应用于混凝土材料中，并对制得的超疏水混凝土开展了冻融试验、腐蚀试验以及微观试验。结果表明，相比于普通混凝土，经过超疏水材料处理的混凝土无论是抗冻融性能还是抗腐蚀性能都要更好。另外，Facio 等[15]在由有机聚合物组成的混合物中引入无机纳米材料，制备了一种新型的超疏水材料；将其涂覆于混凝土表面，可形成一种比较密实的涂层，该涂层疏水能力强，黏附性高，具有较好的附着效果。

Junaidi 等[16]采用稻壳灰（rice husk ash，RHA）为原料通过有关技术制备得到一种超疏水涂料。通过试验发现，该种涂料在混凝土表面形成的超疏水涂层水接触角高达 157.7°，同时经过涂层处理的混凝土耐久性也得到了一定的提升。

近年来，国内一些学者也对此进行了深入的研究。浙江大学的阎映弟[17]基于不同的超疏水设计理念，制备了两种具有较好抗凝冰性能的超疏水涂层，并通过 X 射线光电子能谱技术（X-ray photoelectron spectroscopy，XPS）、扫描电子显微镜（scanning electron microscope，SEM）、接触角测定等一系列试验对涂层的性能进行了研究。

哈尔滨工业大学的王宗鹏[18]通过水解缩合等化学反应制备出了超疏水乳液，并采用一步喷涂法对水泥混凝土表面进行了超疏水化处理，得到超疏水水泥混凝土试件。之后通过抗冻性试验发现，涂覆在结构外部的超疏水涂层材料虽然对混凝土材料抗冻性改善作用不明显，但能从促进水滴滚落、延缓冰的成核结晶以及降低冰的附着强度等方面，改善混凝土材料的防冰性能。

刘馨[19]根据纳米 SiO_2 优异的性能特点，用简便的方法制备了一种含有纳米 SiO_2 的超疏水防护剂，并研究了防护剂的相关性能和防护剂对混凝土的防护作用效果。通过在混凝土表面涂覆超疏水防护剂，得到超疏水表面，该表面接触角达 151.2°，滚动角小于 5°。同时借助 SEM 和 FT-IR 等试验，发现超疏水表面具有微-纳米二级粗糙结构以及低表面能物质。另外，对混凝土在各种环境下的稳定性进行了测试。结果表明，超疏水混凝土能够在多种环境下稳定存在且依旧保持较好的疏水性能。

大连理工大学的韩正金[20]将超疏水材料与混凝土材料进行协同设计，通过江雷院士提出的“二元协同作用”原理成功得到了超疏水表面，制备并研究了一种高强度超疏水混凝土。测试结果表明，经过处理的混凝土表面接触角达 154.2°。另外，通过对超疏水混凝土的极化曲线以及电化学阻抗谱测试分析得到，相较于普通混凝土，超疏水混凝土的抗腐蚀性能与耐久性能较为优异，且超疏水表面具有一定的耐久性。

袁腾等[21]采用外乳化法成功制备出了一种渗透型硅烷类疏水材料，用该种材料处理混凝土，并对混凝土的相关性能进行了试验研究。结果表明，经处理的混凝土表面与水的接触角均大于 129.7°，复合型硅氧烷疏水材料的防护效果优于单一型疏水材料。另外，增加喷涂或涂覆次数能够明显提高疏水材料对混凝土的防护能力。

1.4 本书的主要内容

针对目前公路路面传统防覆冰技术存在的不足，本书着重介绍超疏水材料在水泥混凝土与沥青混凝土中的防冰除冰应用研究，主要包括超疏水路面防覆冰理论、超疏水水泥混凝土路面材料的制备与防覆冰效能、超疏水沥青路面材料的制备与防覆冰效能、超疏水沥青路面的工程实践、超疏水自发光水泥基复合路面材料的制备与性能，以及超疏水路面材料及结构的未来研究与发展方向，具体介绍如下。

（1）依据超疏水现象、基本理论与其表面特性的影响因素，针对公路路面防覆冰领域介绍超疏水路面防覆冰理论和超疏水抗凝冰功能层于路面除冰防冰的基本作用机理。

（2）提出超疏水水泥混凝土路面设计准则和增效原理，介绍超疏水水泥路面材料的制备方法，通过试验研究并评价了其力学性能、防覆冰性能和耐久性能。

（3）提出超疏水沥青路面抗凝冰功能层设计方法，通过试验研究其防覆冰性能和长期性能；并结合工程实践，评估了功能层的现场实际应用效果。

（4）针对夜间与冰雪气候条件下，机场水泥道面因光线差、覆冰而影响飞行器安全起降等问题，制备了“超疏水-自发光”水泥基复合路面材料。研究“超疏水-自发光”水泥基路面材料的发光性能、疏水性能与耐久性能，并通过微观试验揭示其作用机理，评价了复合材料的整体作用效果。

（5）结合全书，对超疏水路面材料与结构的未来研究及发展方向进行了分析和评述，提出了未来需要进一步研究和解决的相关问题，评价了其应用前景，分析了其经济性和社会环保效益，为后续超疏水路面材料的发展提供一定的参考。

第二章　超疏水路面防覆冰理论

2.1　超疏水现象及基本理论

2.1.1　超疏水现象

超疏水现象是自然界神秘现象中的一种，“出淤泥而不染”是关于超疏水现象描述的最早记载，出自我国北宋理学家周敦颐的作品《爱莲说》一文。水滴落到荷叶表面不会铺展开，在重力或者风的作用下在叶子表面滚动，同时将表面的灰尘杂物带走，因此被称为“荷叶效应”（lotus effect）[22]（图 2.1）。自然界中的超疏水现象不仅存在于荷叶表面，在动物界和植物界大量存在，如水黾的脚、蝴蝶的翅膀、蚊子的眼、西瓜叶、水稻叶、玫瑰花瓣[23-25]等。

图 2.1　自然界中的“荷叶效应”

图 2.1（续）

直到 20 世纪 70 年代，德国生物学家 Neinhuis 和 Barthlott[26]通过对 300 种植物表面进行研究，发现荷叶这种特性是由两个因素共同决定：其一是荷叶表面存在微米级乳突和乳突上纳米级颗粒共同构成的粗糙结构（图 2.2）；其二是表面覆有特殊防水蜡质层。此类表面的特征为：表面具有超疏水性、较大的接触角、较小的滚动角、低表面能，以及一定的自清洁功能（图 2.3）[27-28]。

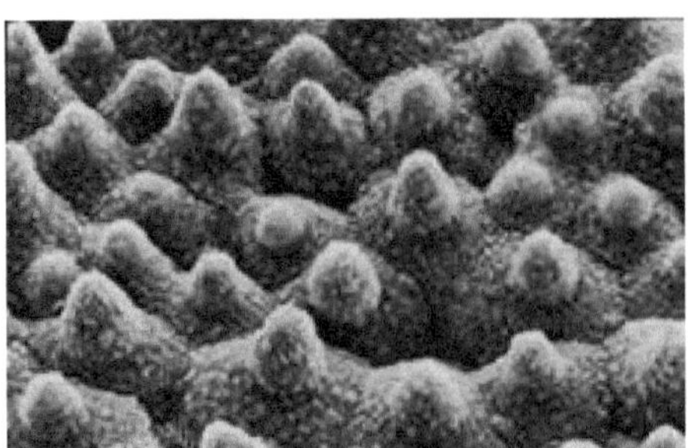

图 2.2　荷叶表面微观结构

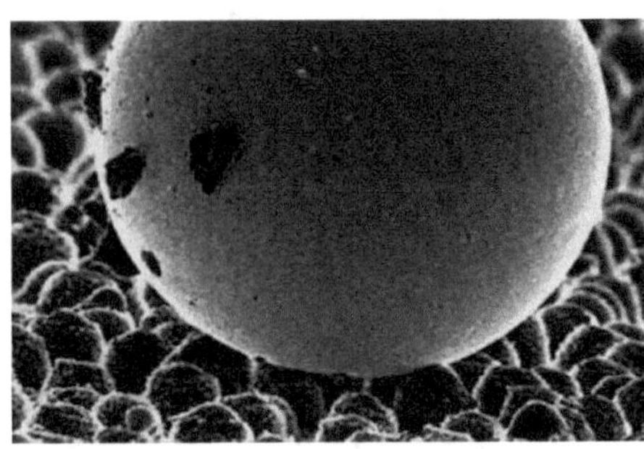

图 2.3　荷叶表面自清洁

2.1.2　材料表界面与表面能

表界面是多相体系中相与相之间的过渡区域，所研究的对象是不均匀多项体系中从一个相到另一相的过渡带[29-30]。根据物质聚集状态不同，表界面可分为以下五种类型：固-气、液-气、固-液、液-液、固-固界面。严格地说，固-气、液-气两种接触的过渡区域被称为表面，而固-液、液-液、固-固三种接触的物理过渡带则被称为界面。由于材料内部本体原子受到周围原子的相互作用是相同的，而处在材料表面和界面上的原子所受到的力场却不平衡，因此产生了表面能、表面张力和界面能、界面张力。通俗地说，表面能是指表面粒子相对于内部粒子所多出的那一部分能量，单位一般是 mJ/m^2。表面张力一般指的是液体表面任意二相邻部分之间垂直于它们的单位长度分界线相互作用的拉力，单位是 mN/m。值得注意的是，对于液体来说，单位面积的表面能和表面张力在数值上是相同的，但两者物理意义不同。一般地，固体表面自由能越大，越容易被一些液体所湿润。对液体来说，表面张力都在 100mN/m 以下[31]。因此，可以把固体分为两类：一类是高能表面，如常见的金属及氧化物、硫化物、无机盐等，它们都有较高的表面自由焓，在每平方米几百毫焦［耳］至几千毫焦［耳］之间，容易被一般液体所湿润；另一类是低能表面，包括一般的有机固体及高聚物，它们的表面自由焓与液体大致相当，为 25～$100mJ/m^2$，它们的浸润性能与液-固两相的表面组成密切相关。

2.1.3　接触角与滚动角

当液体滴在固体表面时，固体会由固-气界面向固-液界面转化，液滴在其表面有一定的铺展，此时液滴与固体表面形成的夹角可以用接触角表示。而接触角是指在气、液、固三相交点处所作的气-液界面的切线穿过液体与固-液交界线之间的夹角θ，是润湿程度的量度，同时也是液体在固体表面上固、液、气三相表面张力平衡的结果，润湿体系的总表面自由能达到最小，如图 2.4 所示[32]。

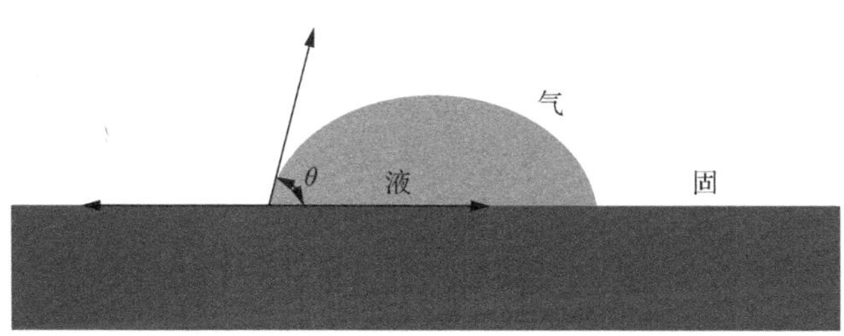

图 2.4　液体在固体界面的接触角

根据固体表面浸润性对接触角进行分类：当$\theta<10^\circ$时，界面被完全浸润，称此界面为超亲液界面；当$\theta<90^\circ$时，界面可被浸湿，称此界面为亲液界面；当$\theta>90^\circ$，液体不易浸润界面，称此界面为疏液界面；当$\theta>150^\circ$时，界面很难被浸湿，称此界面为超疏液界面。

滚动角是指液滴在界面达到稳定状态时，当液滴刚要移动时，倾斜界面的角度α称为滚动角，如图 2.5 所示。前进角θ_A、后退角θ_R的差值（$\theta_A-\theta_R$）叫作滞后角。关于前进角和后退角也可以描述成：前进角是在增加液滴体积时液滴与固体表面接触的三相线将要移动而没有移动的那一状态的接触角，可以认为是液滴下滑时坡面所必须增加到的角度，否则不会发生移动；而后退角是指在缩小液滴体积时液滴与固体表面接触的三相线将动而未动状态的接触角，可以理解为下滑时液滴后坡面所必须降低到的角度，否则后坡面不会移动。因此，达到超疏水状态时必须满足两个条件：静态接触角$\theta>150^\circ$，而滚动角$\alpha<10^\circ$[33-34]。

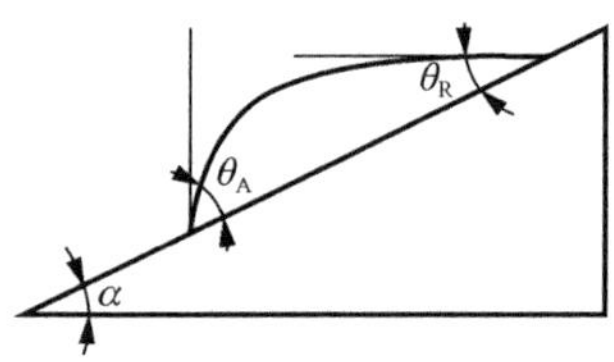

α. 滚动角；θ_A. 前进角；θ_R. 后退角。

图 2.5　滚动角示意图

2.1.4　浸润理论模型

1. 杨氏方程

当液滴处于稳定状态时，液滴与固体所组成的统一整体的能量最小，而接触角就是在三相力之间平衡的结果。在 19 世纪初，Young 认为，在物质组成单一、均匀、光滑的表面，三相界面张力作用于固体表面上的液滴，其平衡状态直接决定了接触角的大小[35-36]。根据这种理论，推导并得到了反映接触角与表面张力之间关系的公式：

$$\cos\theta=\frac{\gamma_{sv}-\gamma_{sl}}{\gamma_{lv}} \tag{2.1}$$

式中：γ_{lv}、γ_{sv}、γ_{sl}——液-气、固-气、固-液之间的表面张力；

θ——静态接触角。

因杨氏方程的建立是基于理想环境，所以想要对其进行验证，也必须严格控制试验条件，尽量控制其接近建立方程时所需的理想状态。试验表明，温度、表面化学组成及粗糙度，都会对接触角的测量产生一定的影响。对于一个物体而言，其表面粗糙度基本上是固定的。因此，可以通过改变物体表面的化学组成来降低表面能。但是这种方法具有一定的局限性，所制备的超疏水表面的接触角不超过 130°。将—CF_3基团以六角形的方式紧密排列在玻璃表面，测得的表面能约为 7mJ/m，但水在这种超疏水表面上的接触角不超过 120°。因此，为了得到数值较大的接触角，就必须研究表面粗糙度对接触角的影响。随着研究的深入，Wenzel 模型与 Cassie 模型相继被提出，用以探求表面粗糙度对接触角大小的影响。

2. Wenzel 模型

杨氏方程成立的条件必须是在均一、光滑、无限的表面，但是在现实中的任何固体表面均具有一定的粗糙度，这也是直接导致固体表面本征接触角与表观接触角之间出现差异的直接原因。20 世纪 30 年代，Wenzel 认为由于粗糙表面的存在，真实固体表面积大于理想固体表面积，从而使得真实的固-液接触面积大于理想状态下的固-液接触面积。因此，各相表面能所占体系总能量的比例发生了变化，这也是造成本征接触角与表观接触角不同的主要因素。假设 A 为固体实际表面积，A_0 为理想状态下的固体表面积，r 为真实情况下固体表面粗糙度，则有：$A=rA_0$（其中 $r\geqslant1$，且 r 越大，固体表面粗糙度越高）[37-38]。将这个面积关系引入杨氏方程，则有

$$\cos\theta_{\mathrm{w}}=r\cos\theta_{\mathrm{e}} \tag{2.2}$$

式中：θ_{w}——表观接触角；

θ_{e}——本征接触角。

在前面已经提到，当接触角大于 150° 且滚动角小于 10° 时，才能被称为超疏水表面。在 Wenzel 模式下，液滴大部分嵌入表面粗糙结构中，不利于液滴的滚动，其滚动角偏大。因此，在制备滚动角较小的超疏水表面时，一般不采用 Wenzel 模式。Wenzel 模型示意图如图 2.6 所示。

图 2.6 Wenzel 模型示意图

3. Cassie 模型

通过对自然界中超疏水结构的大量研究，Cassie 和 Baxter 认为液滴在固体表面上的状态并不是单一的。他们认为，当液滴表面的尺寸大于固体微结构尺寸时，液滴并不能完全嵌入微结构之间的凹槽之中，这就导致未被液滴嵌入的部分有空气滞留。这就表明，实际上固体与液体间的接触是固、液、气三相的接触。为此，Cassie 和 Baxter 在 Wenzel 模型的基础上，对其进行了修正，提出了组合状态下的接触角定义[39]：

$$\cos\theta_{\mathrm{w}} = f_1\cos\theta_1 + f_2\cos\theta_2 \tag{2.3}$$

式中：θ_{w}——组合状态下的表观接触角；

θ_1 与 θ_2——不同介质上的本征接触角；

f_1 与 f_2——单位面积上固-液界面所占的比例与单位面积上液-气界面所占的比例。

当液体在固体表面的浸润状态满足 Cassie 模型时，液滴并未完全嵌入粗糙的微结构，此时液滴在固体表面移动时克服的能量势垒相比于 Wenzel 模型更少，其滚动角偏小，Cassie 模型示意图如图 2.7 所示。

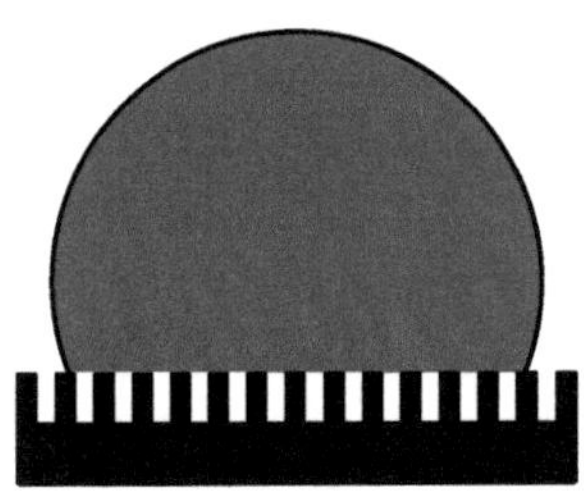

图 2.7　Cassie 模型示意图

4. Wenzel 模型与 Cassie 模型之间的关系

Wenzel 模型与 Cassie 模型分别代表了液滴在固体表面不同浸润状态。当液滴处于 Wenzel 模型时，液滴的大部分体积将嵌入粗糙表面微结构当中，这就导致了处于 Wenzel 模型状态下液滴的疏水性小于处于 Cassie 模型状态下的液滴。Patankar[40]通过试验发现，对处于 Cassie 状态下的液滴施加外部压力，液滴的状态会逐渐向 Wenzel 模型转变。他认为，当液滴分别处于两种状态，所拥有的能量是不同的。若液滴能够克服两种不同状态之间的能量势垒，则可在两种状态之间转换。就本章而言，当雨水滴落在沥青路面，受到车辆荷载等外力的作用后，其中大部分液滴将处于两种模型的组合状态下（图 2.8）。

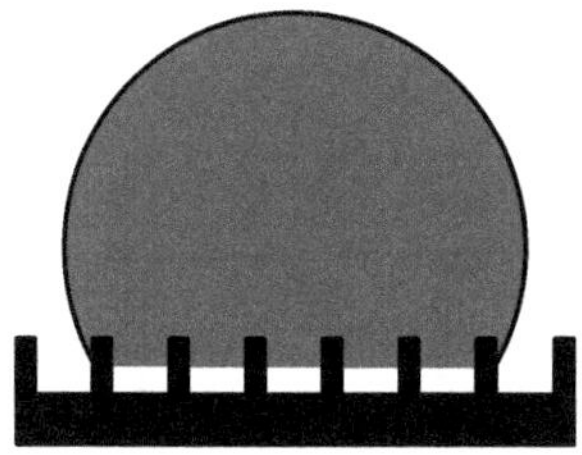

图 2.8　组合模型示意图

2.2　超疏水表面特性的影响因素

2.2.1　表面化学组成因素

根据前面所述杨氏方程内容可以知道，在不考虑表面形态结构，即假设表面绝对光滑的前提下，固体的化学组成直接关系着固-液接触界面的表面自由能。也就是说，组成固体表面的化学物质表面能越小，固体表面越难被湿润，疏水性能越强。常见的材料表面自由能如图 2.9 所示。

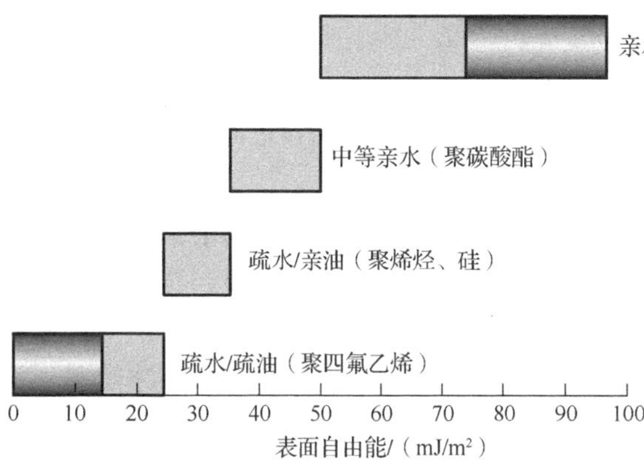

图 2.9　常见的材料表面自由能

2.2.2　表面物理结构因素

前人通过反复实验结果证实，通过增加固体表面的微结构粗糙度与构造合适的表面微观形貌，进而达到改变固体表面物理结构的目的，是提高表面疏水性能的关键。但是，随意增加粗糙度并不一定能改善固体的疏水性能；另外，固体表面的微观形貌对结构的稳定性起着至关重要的作用，因此合理改善固体表面的粗糙度一直是国内外研究的一个热点[41]。

Guo 等[42]采用扫描电子显微镜（SEM）观察发现，自然界具有超疏水性的植物叶子大多具有微-纳米二级粗糙结构：第一级是微米结构（乳突）；第二级是纳米结构（蜡质绒毛）。正是这种二级阶层结构导致了超疏水性。由此建立的超疏水表面热力学几何模型如图 2.10 所示。

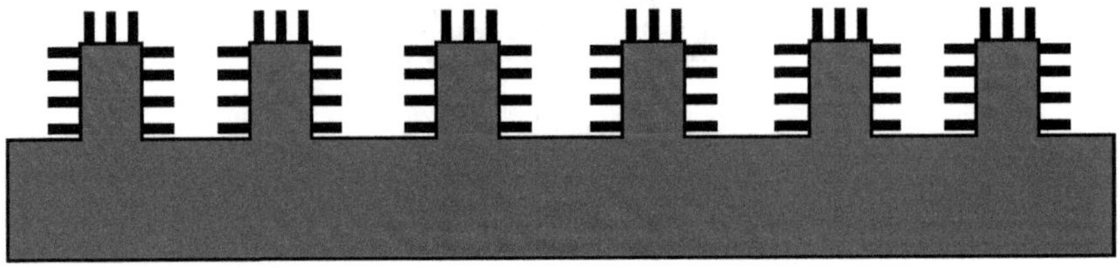

图 2.10　超疏水表面热力学几何模型

2.2.3　外界因素

压强、光线、电磁场、温度等外界因素均会对固体表面润湿性能产生影响。研究表明，外部环境可以为固-液组成的浸润系统提供部分能量，用以克服能量势垒。当这种能量超过或者低于一定数值，就会改变液滴的浸润状态，使液滴在亲水状态与疏水状态之间转换。因此，可以通过人工的方法控制能量的变化趋势，就可以制备具有相应功能的超疏水表面。

2.3　超疏水路面防覆冰设计理论

有关资料表明，水泥、沥青混凝土结合料与集料间的黏结力以及强度都会在凝冻天气下大幅降低，导致路面直接或间接破坏。目前，传统路面除冰法大多强调事后除冰，如人工除冰法、化学除冰法和导电混凝土除冰法等。但这些传统的除冰方法均存在一定不足，如人工除冰法工作量大，化学除冰法易对路面造成侵蚀，导电混凝土除冰法则能耗较高。因此，在不借助外力的帮助下，增强路面自身在低温下的抗凝冰性能，不失为一种针对路面易结冰、难除冰问题的解决方法。根据水泥、沥青路面凝冰损伤基本原理，如果能够有效地降低冰与路面间的附着力，抑制冰、水进入路面内部，就能有效提高路面的抗凝冰性能。

超疏水界面由于微-纳米粗糙结构的存在，使得超疏水表面能达到极低，基质表面的凹槽被空气占据，水珠与基质的接触面积仅有总接触面积的 10%左右。此外，其表面还具有极低的滚动角。因此，水滴与基质间的附着力会大大降低，水滴落在路面上时难以浸润到路面材料内部，从而有效减少了水滴在路面表面的覆冰量，进而减小冰与路面的接触面积，降低冰与路面材料的附着力[43]。

2.4　超疏水路面防覆冰行为理论分析

2.4.1　加速液滴滚落

若液滴滴落在道路表面后，能够在结冰之前脱离，将会极大地提升道路抗凝冰性能。而液滴是否容易脱离道路表面，关键取决于液滴与道路表面之间的附着力。因此，可以通过降低这种附着力，使道路抗凝冰性能提升。研究表明，减少液滴与道路表面间的接触面积与降低道路表面的滞后角是降低附着力的关键因素。

通过 Wenzel 模型可知，由于粗糙结构的存在，部分空气驻留在粗糙结构的凹槽中，使固-液接触面积仅占实际接触面积的 1/10。除此之外，超疏水表面相比于普通基质表面具有较低的润湿滞后角。因此，将超疏水材料引入道路表面，可同时降低液滴与路面的润湿滞后角。液滴在路拱横坡、自身重力、风力等外界因素综合作用下，极易从路表滚落、脱离，达到加速液滴滚落的目的[44]。

2.4.2　减缓冰的形成进程

根据热力学理论，影响结冰进程的关键因素主要有以下两点：能量势垒和热量传递。本节基于这两个关键因素，对超疏水路面抗凝冰功能层材料减缓冰的形成的原理进行分析。

1. 能量势垒

当材料表面具有超疏水特性时，液滴在其表面的接触角增大，这将导致液滴结冰需要跨越的能量势垒增加。假设液滴在结冰过程中，接触角保持不变，则液滴结冰所需要克服的能量势垒 G 可根据热力学理论推导得出如下公式[45]：

$$\mathrm{d}G = V\mathrm{d}p + \gamma \mathrm{d}A \tag{2.4}$$

式中：V——补充的体积；

p——系统的压力；

γ——热力系数；

A——亥姆霍兹自由能。

模拟液滴以标准球形存在于路面上，且其形状保持不变。设液滴的半径为触角为 180° 时形成的液滴半径。当接触角变化时，以此为基础对相应能量势垒的变化进行调整。

通过球的体积等基本数学公式，可以将式（2.4）转化为反映不同接触角与标准球形接触角之间函数关系的公式：

$$\Delta G=\frac{4\pi R^{3}}{3}g\Delta\rho+2\pi R^{2}(\gamma_{\mathrm{sv}}-\gamma_{\mathrm{lv}})\varphi(\theta) \tag{2.5}$$

式中：$\Delta\rho$——冰与水之间密度的差值，kg/m^3；

g——重力加速度，m/s^2；

$\varphi(\theta)$——与接触角 θ 有关的系数；

γ_{sv}——固体与气体界面间的表面自由能，mJ/m^2；

γ_{lv}——液体与气体之间的表面张力，N/m。

由式（2.5）可以看出，接触角是决定能量势垒的关键因素。当接触角取最大值时，结冰所需克服的能量势垒最大，因此 ΔG 最大；当接触角取最小值时，结冰所需克服的能量势垒最小，因此 ΔG 最小。根据相关性质，可以得到 $\varphi(\theta)$ 的函数表达式：

$$\varphi(\theta)=\frac{(2+\cos\theta)(1-\cos\theta)^{2}}{4} \tag{2.6}$$

将 $\varphi(\theta)$ 的表达式代入 ΔG 的表达式，得到下式：

$$\Delta G=\frac{4\pi R^{3}}{3}g\Delta\rho+\frac{\pi R^{2}(\gamma_{\mathrm{sv}}-\gamma_{\mathrm{lv}})(2+\cos\theta)(1-\cos\theta)^{2}}{2} \tag{2.7}$$

从式（2.7）中可以看出，当接触角增大时，ΔG 增大。这意味着液滴在具有超疏水特性的材料表面结冰所需克服的能量比普通材料更多，因此，超疏水材料能有效提高基质表面的抗凝冰特性。

2. 热量传递

众所周知，水在结冰过程中需要释放出大量的热量。超疏水粗糙微结构间留存有部分空气，可有效抑制热量的传递，减缓放热过程。单位时间接触面热传递的量可以用傅里叶定律表示：

$$q=\int_{T_1}^{T_2}KS\mathrm{d}T \tag{2.8}$$

式中：K——导热系数；

S——固-液接触面积；

T_2——沥青路面温度；

T_1——水滴温度。

在实际情况下，固体与液体之间的接触面积可以通过下式计算：

$$S=f_{1}\pi R^{2}\sin^{2}\theta \tag{2.9}$$

式中：R——液滴的半径；

θ——接触角；

f_1——表观接触面中实际固体与液体接触面所占的比例。

而单位质量的液滴结冰所需要的热量为

$$Q = \Delta T C_{\mathrm{w}} \tag{2.10}$$

式中：C_{w}——水的比热容；

ΔT——液滴温度的变化。

联立以上三式，可以得到单位质量液滴结冰所需时间的表达式：

$$t = \frac{C_{\mathrm{w}} \Delta T}{K(T_2 - T_1) f_1 \pi R^2 \sin^2 \theta} \tag{2.11}$$

由式（2.11）可知，当 f_1 降低时，t 将会增加。而超疏水表面所具有的粗糙微结构可以储存更多的空气，从而使实际固-液接触面积进一步减小，最终延长结冰所需时间。

2.4.3 降低“冰-路”附着力

路表具有一定的粗糙度，当冰雪覆盖在路表后，细小的冰晶会形成于路面粗糙的缝隙中。当外界环境温度发生改变（如外界气温降低），缝隙中冰晶的体积会持续增加。当冰晶的体积增长到一定程度时，就会嵌入路面粗糙结构中。这样就会大大增加“冰-路”附着力，使除冰工作难度大大增加，同时降低路面抗滑性能，严重影响行车安全。

文献表明，路面材料的表面能是影响“冰-路”附着力的主要因素。当通过人工手段将路面表面能降低之后，水滴将以高接触角的状态存在于路表，使冰与路面之间的附着力降低，冰不易形成且容易被清除。

当超疏水材料涂覆于路面时，会经路面孔隙进入其内部。进入路面内部的超疏水材料对石料进行包裹，改变路面的浸润状态，降低路面的表面能。

水与冰是同一种物质的两种物理状态，因此水的浸润状态与冰的附着力之间具有一定的联系。在理想状态下，液态水的附着力与冰的附着力大致相同，可用相同的公式表征[46]为

$$W_{\mathrm{e}} = \gamma_{\mathrm{lv}}(1 + \cos\theta) \tag{2.12}$$

式中：W_{e}——冰与表面的附着力，N/m；

γ_{lv}——液体与气体之间的表面张力，N/m。

路面具有粗糙结构，雨水极易储存其中。当气温降低，冰晶在其间生长，会增加冰的附着力。通过建立两种简单的模型，分析路面微孔隙对冰的附着力的影

响，结果表明，影响附着力大小的只有一个唯一变量θ。θ与附着力呈负相关，即当接触角增大，附着力强度降低。

综上所述，加速液滴滚落、减缓冰的形成进程、降低“冰-路”附着力是超疏水路面抗凝冰的关键原理。这些关键的抗凝冰因素都是基于路面材料所具有的良好的超疏水性能。疏水性能越好，液滴的接触角就越大，液滴就越易在结冰之前脱离路面，结冰时间也将大大增加。当温度极低时，低附着力也会使除冰工作的难度降低。

2.5 小　结

荷叶等植物和动物表面由于存在微米级乳突和乳突上纳米级颗粒共同构成的粗糙结构，以及覆有特殊防水蜡质层而产生了超疏水现象。本章基于此自然现象，从界面、接触角等角度对超疏水材料进行研究，并结合超疏水材料的微观形貌对现有的理论模型进行对比分析。此外，本章还从材料的化学、物理组成，以及外界特性入手对影响超疏水材料界面特性的影响因素进行了总结归纳：①材料表面自由能越大时越容易被液体湿润；②当接触角$\theta>150°$、滚动角$\alpha<10°$时界面很难被浸湿，此时的界面可称为超疏液界面；③固体表面的化学物质表面能越小，疏水性能越强；④增加固体表面的微结构粗糙度与构造合适的表面微观形貌，可有效提高材料的疏水性；⑤外部环境可以为浸润系统提供部分能量用以克服能量势垒，从而改变液滴的浸润状态，使液滴在亲水状态与疏水状态之间转换。

第三章　超疏水水泥混凝土路面结构、材料与性能

3.1　超疏水水泥混凝土路面设计与增效原理

3.1.1　超疏水水泥混凝土面层设计

如图 3.1 所示，超疏水水泥混凝土路面由下至上依次为主体结构水泥混凝土层和超疏水-防覆冰层（又称表面功能层），其中主体结构水泥混凝土层的厚度占整个路面板结构的 80%～90%（根据现场实际情况而定），其性能与普通道路水泥混凝土相似。

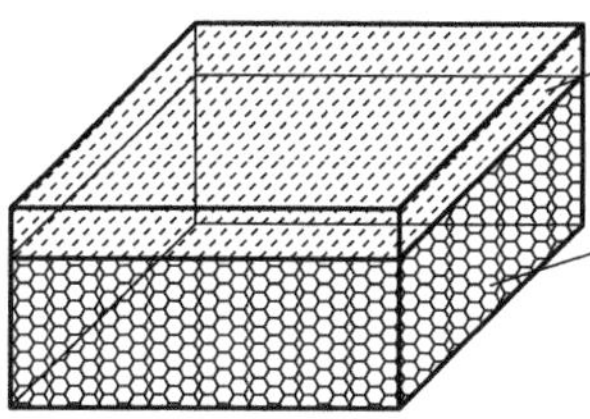

图 3.1　路面板结构

超疏水-防覆冰层由疏水性材料及纳米粉体材料构成，将去离子水溶液作为分散介质，纳米粉体材料作为改性剂，厚度为 0.2cm，主要起到疏水减冰的作用。

在混凝土表面构建微纳米二级结构，其核心技术在于降低界面自由能，经过前期试验优选，最终确定利用经复配的硅烷类材料对其表面进行低表面能修饰。为了进一步构建表面微纳米二级结构，在超疏水-防覆冰层的制备过程中掺入了微米直径高模量纤维使二者有机融合，再利用低表面能物质对其表面进行超疏水改性，使其获得持久稳定的超疏水性能。修饰后的水泥混凝土路面细部结构示意图如图 3.2 所示[47-48]。

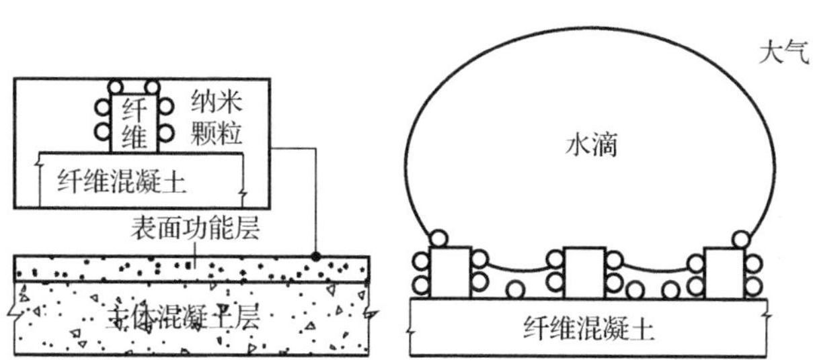

图 3.2　路面细部结构示意图

3.1.2 超疏水水泥混凝土面层增效原理

目前，人们常规的处理方法只是将超疏水材料外涂于普通水泥混凝土路面，在轮胎等外部荷载的作用下涂层的防覆冰性能及耐久性能势必下降，当涂层全部被磨耗掉时雨水渗入混凝土路面，在冬季低温条件下发生冻融破坏，路面的力学强度下降，导致裂缝、断板等病害的发生。基于上述原因，我们这里介绍一种内掺型疏水材料掺入混凝土，通过内掺和外涂相结合，以达到“双重保护”的作用，增强混凝土的防覆冰与耐久性能，延长水泥混凝土路面的使用寿命。其增效机理如下。

优化后的超疏水水泥混凝土路面与普通混凝土相比不同之处是其胶凝材料由水泥和疏水材料两部分组成，疏水材料的本身的性能对水泥混凝土起到一定的作用，引起混凝土结构的变化，进而影响混凝土的耐久性能。

首先，混凝土中的超疏水材料与混凝土发生脱水缩合反应形成链状结构，这些链状结构与水泥的水化产物相互交错，形成连续网状构造。在混凝土搅拌过程中疏水材料颗粒均匀分散到水泥混凝土中，随着水化反应的进行超疏水材料在水化产物、未水化的水泥颗粒以及毛细孔中凝聚，结构中较大的孔隙被水化产物填充，随着水泥水化反应的进一步加深，超疏水材料间的水分逐渐被水泥水化反应时吸收，疏水材料脱水缩合后的生成物逐渐交叉搭接在一起开始形成网状结构。随着水化反应的继续推进，疏水材料的缩聚物几乎全部聚集在水泥混凝土结构的孔隙中，缩聚物中的水分被水泥水化吸收后，网状结构继续扩大形成一个整体，在混凝土内部形成连续的网络膜状结构，并将混凝土包裹在其中，其结构形式如图 3.3（a）～（d）所示。网状结构穿梭于混凝土内部结构中使混凝土的抗拉强度得到改善，密实性得以提高，从而使疏水混凝土的抗渗、耐冻性有较显著的改善。

然后，水化产物与缩聚物之间的相互作用也改善了混凝土的内部结构，当水泥混凝土加水拌和时缩聚物中的活性基团与水化产物中的 Al^{3+}、Ca^{2+}等物质产生交联反应，形成“键桥作用”优化混凝土内部的孔隙微结构，可以有效减缓内应力，增加密实性，降低裂缝产生的概率。另外，超疏水水泥混凝土中的水化产物和缩聚物之间也可通过范德华力、氢键相互作用，对水泥混凝土内部的微结构起到一定的改善作用。

最后，超疏水材料在水泥混凝土碱性条件下，硅烷酯类物质发生水解生成硅羟基，硅羟基与混凝土中的羟基发生脱水缩合反应，形成稳定的—Si—O—键，通过—Si—O—键，将疏水性烷基牢牢地固定在混凝土表面及毛细孔道中，随着反应的进行烷基链不断加长，逐渐形成复杂的网状结构，由于生成物末端大量存在非极性—Si—R（R 一般为—CH_3），与水中的氢原子相互排斥，使得混凝土具有优

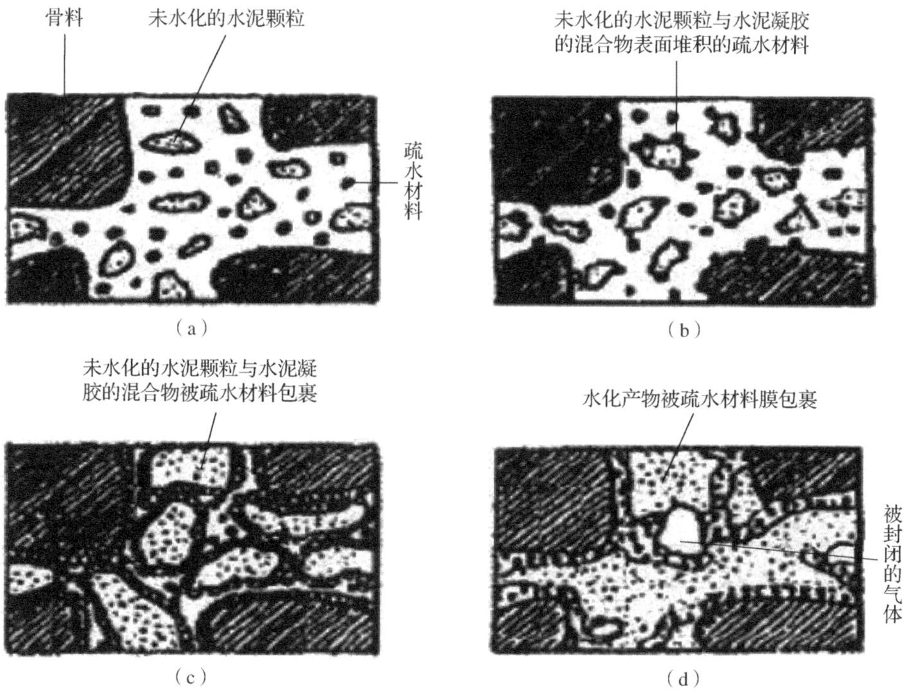

图 3.3　超疏水水泥混凝土内部结构形成过程

异的疏水性能。内掺超疏水材料可在混凝土内部的毛细管道中形成憎水层，而外涂超疏水材料可在表面形成微纳米粗糙结构，它们如同无数把小雨伞排列在混凝土表面，使原本亲水的混凝土具备超疏水性，进而使混凝土路面具备优异的防冰、疏冰性能。其超疏水原理如图 3.4 所示。

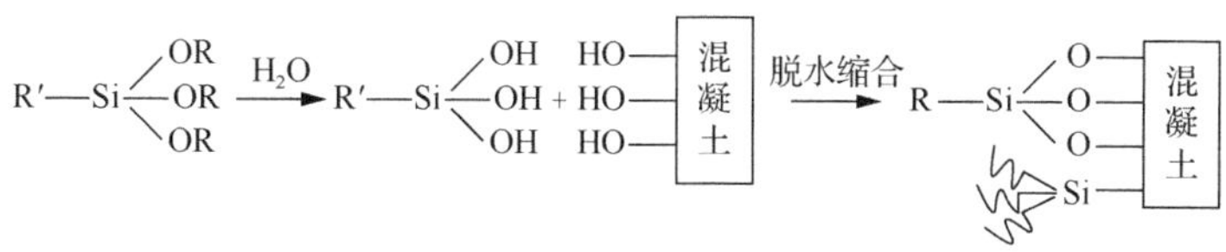

图 3.4　混凝土路面超疏水原理

综上所述，优化后的超疏水水泥混凝土不仅具有一定的减水功能，还起到塑化及降低表面自由能的作用，使混凝土中有害孔的数量下降，从而提高混凝土的均匀性、密实性；可以有效阻断毛细管道通路，内掺型疏水材料在水泥水化时可形成胶体或者阻塞毛细管道的成分，而这些成分在水泥混凝土硬化之后会留在毛细孔道中，阻断毛细孔道的通道，使水无法通过，达到防水、抗渗的目的；可以使混凝土整体由亲水性变为疏水性，内掺疏水材料中有活性较高的憎水成分，加入水泥混凝土后可在毛细管壁上形成憎水层，降低毛细管的吸附作用，水分难以被吸附，具备了显著的疏水、减冰以及防冰性能。

3.2 超疏水水泥混凝土路面材料制备

3.2.1 原材料

水泥：本章试验采用长沙坪塘水泥有限公司生产 P·O 42.5 水泥，水泥基本性能检测如表 3.1 所示。

表 3.1 水泥基本性能检测

品质指标		国家标准	检测结果
三氧化硫/%		≤3.5	2.48
烧失量/%		≤5.0	2.57
氧化镁/%		≤5.0	3.12
筛余/%		≤10.0	0.3
安定性（雷氏夹）		合格	合格
凝结时间	初凝	≥0:45	170min
	终凝	≤10:00	210min
混合材料掺量/%	矿渣和石灰石	6～15	10.5

细集料：湘江河砂，参考《公路水泥混凝土路面施工技术规范》(JTG F30—2018)[49]采用级配良好的Ⅱ级中砂，级配及基本性能检测结果如表 3.2 和表 3.3 所示。

表 3.2 细集料级配

筛孔直径/mm	分计筛余/%	累计筛余/%
4.75	2.1	2.1
2.36	7.9	10.0
1.18	15.5	23.5
0.6	31.2	54.7
0.3	32.7	87.4
0.15	11.3	98.7
<0.15	1.2	99.9

表 3.3　细集料性能检测结果

项目	含泥量/%	泥块含量/%	细度模数
指标	1	0.5	2.6

粗集料：参考《公路水泥混凝土路面施工技术规范》（JTG F30—2018），采用 5～20mm 连续级配碎石，级配如表 3.4 所示；基本性能检测结果如表 3.5 所示。

表 3.4　粗集料级配

筛孔直径/mm	分计筛余/%	累计筛余/%
19	3.7	3.7
16	36.6	40.3
9.5	28.4	68.7
4.75	23.5	92.2

表 3.5　粗集料性能检测结果

项目	含泥量/%	针片状含量/%	压碎指标
指标	1.5	4.5	6.2

减水剂：高效减水剂，市售，萘系，减水率 20%。

疏水材料及其他外加剂：①疏水材料；②纳米二氧化硅颗粒，物理参数见表 3.6；③乙醇；④氨水，调节 pH 值用；⑤去离子水。物理参数如表 3.7 所示。

表 3.6　纳米二氧化硅相关参数

项目	外观	含量/%	平均粒径/nm	比表面积/（m^2/g）	pH 值
指标	白色粉末	≥99.5	15±5	250±30	5～7

表 3.7　乙醇相关参数

项目	标准等级	状态	相对分子质量	密度/（g/m^3）	沸点/℃
指标	国标工业级	无色液体	46.07	0.789	78.3

3.2.2　超疏水材料的制备

1. 内掺疏水材料（incorporation hydrophobic material，IHM）的制备

以硅烷类物质为原材料，将其和纯净水以质量比 3∶7 稀释，搅拌均匀后转移到烧瓶中，将烧瓶放置于磁力搅拌器上，通入氮气，以 230r/min 的转速低速搅拌，

保持 70℃的恒温搅拌 5min，之后加入偶氮引发剂，并继续搅拌 10min，升温至一定温度继续反应一段时间，然后降至室温，过滤，稀释，得到一定浓度的内掺疏水乳液，其制备流程如图 3.5 所示。

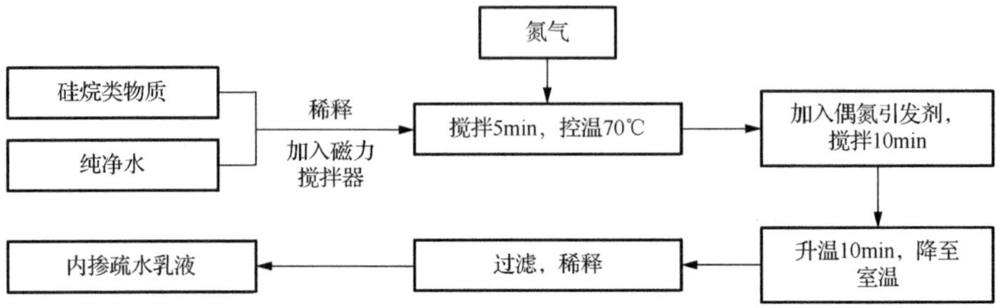

图 3.5　内掺疏水材料制备流程

2. 外涂超疏水材料（super-hydrophobic coating material，SCM）的制备

首先称量一定量的乙醇溶液，加水稀释并搅拌均匀；接着将硅烷酯类物质加入其中，之后加入一定量的氨水，使 pH 值为 7.5～8.5，在磁力搅拌器（图 3.6）中搅拌 10min；最后加入经过改性的纳米颗粒凝胶，在 70～90℃的条件下，以 5500r/min 的速度搅拌 30min，形成均匀液体，得到外涂超疏水溶液，冷却至室温并封存。

图 3.6　磁力搅拌器

3. 超疏水水泥混凝土面层制备

参考《公路水泥混凝土路面设计规范》(JTG D40—2011)、《公路工程水泥及水泥混凝土试验规程》(JTG E30—2005)[50-51]，以重载交通等级的抗弯拉强度(抗折强度)5.0MPa为设计指标进行水泥混凝土的配合比设计。按照配合比准确称量各材料的用量使用卧轴强制式搅拌机进行搅拌，先干拌2min使材料拌和均匀，之后将IHM加入拌和用水，充分混合搅拌均匀后倒入搅拌机搅拌3min。将搅拌均匀的混凝土倒入试模中，并使用振动台进行振捣，直至表面泛浆。为保证实际施工时混凝土的和易性，将坍落度控制在140～160mm内。混凝土成型24h后拆模，并放入标准养护室养护，养护室温度20℃±2℃，相对湿度大于等于90%。试件的制备流程如图3.7所示。其相关技术参数如表3.8所示。

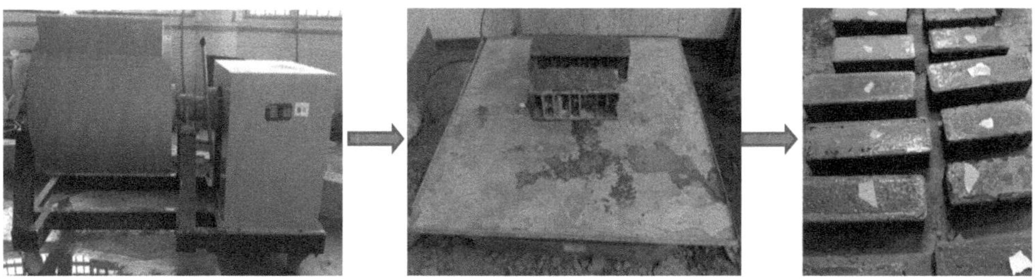

(a) 混凝土搅拌机 (b) 试件装模 (c) 试件成型

图3.7 超疏水水泥混凝土试件的制备流程

表3.8 超疏水水泥混凝土相关技术参数

原材料	配合比	力学性能检测
P·O 42.5	水灰比0.35	28d抗压强度65.2MPa，抗折强度5.56MPa
碎石、中砂	砂率34%	
高效减水剂	掺量2%	

SCM采用涂层处治技术，将提前制备的超疏水乳液涂覆在超疏水水泥混凝土表面。根据目前常用的涂覆技术，可参考涂刷面积的大小和工程要求的喷涂效率选择机械喷涂或人工涂刷，必要时可综合利用，在机械快速喷涂的同时施以人工边角补涂，以获得最佳的涂覆效果，所用试件均采用500mL/m^{2}的涂覆浓度。需要强调的是，在涂覆前应对水泥混凝土表面进行恰当的清理以保证表面干净与清洁；涂覆完成后，应使用塑料薄膜对涂层进行覆盖处理以防止水与灰尘等对涂层造成污染，一般条件下，24h涂层干燥后即可揭膜。

在涂覆超疏水乳液涂层材料的过程中，水泥混凝土中的羟基会与纳米二氧化硅颗粒一样跟硅烷醇类物质的羟基发生脱水缩合反应，将水泥混凝土材料表面外伸出的羟基疏水化；另外，硅烷醇类物质分子之间也发生自缩合，形成大分子网状结构。随着网链不断复杂，聚合物的分子量也逐渐增大，达到一定的量时将会与纳米二氧化硅颗粒一起析出在水泥混凝土表面，构建出一个较为规律的微纳米粗糙结构。其疏水改性原理如图 3.8 所示。

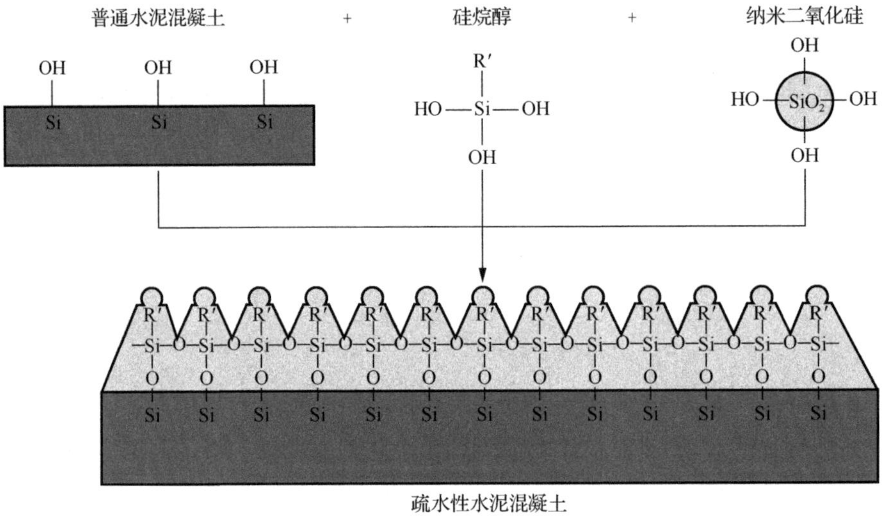

图 3.8　水泥混凝土的疏水改性原理

3.3　超疏水水泥混凝土路面材料力学性能

为测定超疏水-防覆冰层水泥混凝土路面的减冰、疏水性能，体现其性能优化及增效效果，我们在本节和 3.4 节设置了不同梯度下的混凝土路面模型试件，具体方案对照及试验配合比见表 3.9 和表 3.10。

表 3.9　试验方案对照

组别	试件材料组成成分
A	普通混凝土
B	普通混凝土+SCM
C	普通混凝土+IHM
D	普通混凝土+IHM+SCM

表 3.10　混凝土试验配合比

组别	水泥含量/(kg/m^3)	细骨料含量/(kg/m^3)	粗骨料含量/(kg/m^3)	水含量/(kg/m^3)	减水剂含量/%	IHM 含量/%	SCM 含量/(mL/m^2)	水灰比
A	375	720	1230	150	0.6	0	0	0.4
B	375	720	1230	150	0.6	0	400	0.4
C	375	720	1230	150	0.6	1	0	0.4
D	375	720	1230	150	0.6	1	400	0.4

3.3.1　强度测试方法

1. 抗压强度测试方法

本章抗压强度试验按照中华人民共和国国家标准《普通混凝土力学性能试验方法标准》（GB/T 50081—2002）[52]进行，具体步骤如下：将试件从养护室取出后及时进行试验，试件放入承压板之前应将试件表面和上下承压板板面擦干净；将试件放置在下部承压板上，试件的承压面与成型时的顶面保持垂直，试件的中心与承压板中心对齐，启动试验机，当下压板与试件接近时调整球座，使承压板与试件平衡接触；试验时应连续而均匀地加荷，加荷速度应为：混凝强度等级低于 C30 时，取 0.3～0.5MPa/s；混凝强度等级高于或等于 C30 且小于 C60 时，取 0.5～0.8MPa/s；当试件接近破坏而开始迅速变形时，停止调整试验机油门，直至试件破坏。然后记录破坏荷载。

以三个试件测值的算术平均值作为该组试件的抗压强度值。三个测值中的最大或最小值，如有一个与中间值的差超过中间值的 15%，则把最大值和最小值一并舍除，取中间值作为该组试件的抗压强度值。如有两个测值与中间值的差超过中间值的 15%，则该组试件的试验无效，对于非标准尺寸试件测得的强度值均应乘以尺寸换算系数，100mm×100mm×100mm 试件的折算系数为 0.95。其计算公式如下：

$$f_{cc}=0.95\frac{F}{A} \tag{3.1}$$

式中：f_{cc}——混凝土试件的抗压强度，MPa；

F——混凝土试件的最终破坏荷载，N；

A——混凝土试件的承压面积，mm^2。

2. 抗折强度试验方法

本试验采用万能材料试验机进行抗折强度测定，试件尺寸为 100mm×100mm×400mm，具体试验步骤如下。

试件从养护室取出后及时进行试验，试验前将试件表面擦干净；测量尺寸，记录支座间跨度 l（mm）、试件截面高度 h（mm）、试件截面宽度 b（mm）。如实测尺寸与公称尺寸之差不超过 1mm，可按公称尺寸进行计算。试压承压面不平度为每 $100mm^2$ 不超过 0.05mm，承压面与相邻面的不垂直度不应超过 ±1°。安装尺寸偏差不得大于 1mm。试件的承压面应为试件成型时的侧面，支座及承压面与圆柱的接触面应平稳、均匀，否则应垫平；施加荷载应保持均匀、连续。当混凝土抗压强度等级为 C30 时，加荷速度取 60～160N/s，当混凝土等级大于 C30 且小于 C60 时，加荷速度取 160～260N/s，当混凝土强度等级大于 C60 时，加荷速度取 260～330N/s，直至试件破坏，然后记录破坏荷载 F（N）。三个试件中若有一个断面位于两个集中荷载之外，则混凝土的抗折强度按另外两个试件的试验结果进行计算，若这两个测值的差值不大于这两个测值中较小值的 15%时，则该组试件的抗折强度取这两个试件的平均值，否则该组试验无效；若该组两个试件的折断面位于两荷载之外，那么该组试验无效。

当试件尺寸为 100mm×100mm×400mm 时，其抗折强度应乘以折减系数 0.85，具体公式如下：

$$f_{\mathrm{f}} = 0.85\frac{Fl}{bh^2} \tag{3.2}$$

式中：f_{f}——试件的抗折强度，MPa；

F——试件的破坏荷载，N；

l——支座间距的，mm；

b——试件的截面宽度，mm；

h——试件的截面高度，mm。

3.3.2 试验结果与分析

A、B、C、D 四组试件 3d、7d、14d、28d 的抗压强度及变化趋势如图 3.9（a）、（b）所示。由图 3.9 可知，A 组试件 28d 抗压强度达到 63.6MPa，B 组试件的强度为 63.3MPa，两组试件抗压强度基本持平，说明 SCM 的涂覆不会影响混凝土的抗压强度，C、D 两组与 A、B 类似；C、D 两组试件 3d 和 7d 的抗压强度约是 A 组的 80.3%和 89.4%，14d 和 28d 抗压强度分别是 A 组的 93.3%、96.6%，说明 IHM 的掺入，前期抑制了混凝土强度的增长，后期强度增长较快，28d 时的强度已经接近普通混凝土，但总体略偏低，其原因可能是 IHM 的加入，在水泥水化过程中随着含水量的不断减少，IHM 在水化过程中形成薄膜，将部分未水化的水泥颗粒包裹，前期抑制了水泥的水化导致水化产物比普通混凝土减少，随着水化的不断进行，水泥水化过程中将凝聚在一起的 IHM 颗粒之间的水分全部吸收到化学结合水中，IHM 颗粒完全凝结在一起，最终形成连续的网状结构，与此同时，网状结构将水泥水化产物连接起来相互交织缠绕在一起，从而改变水泥混凝土的结构形态，使强度快速增长，但由于水泥水化不完全 28d 强度依旧略低于普通混凝土。虽然 C、D 两组试件抗压强度略低于普通混凝土试件，但已经达到了其强度的 95%以上，且满足混凝土设计强度等级，因此不影响其在实际工程中的应用。

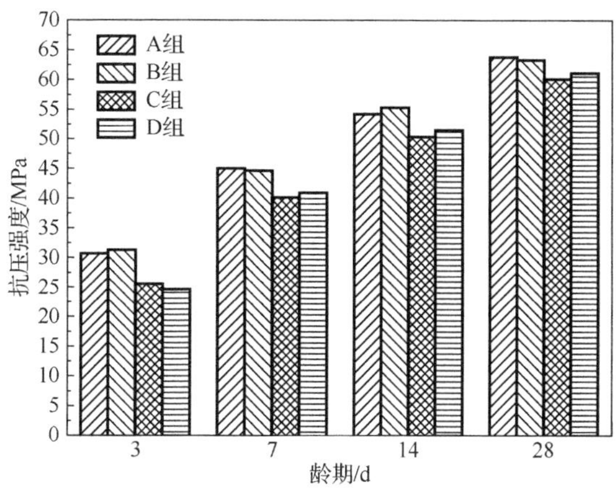

（a）

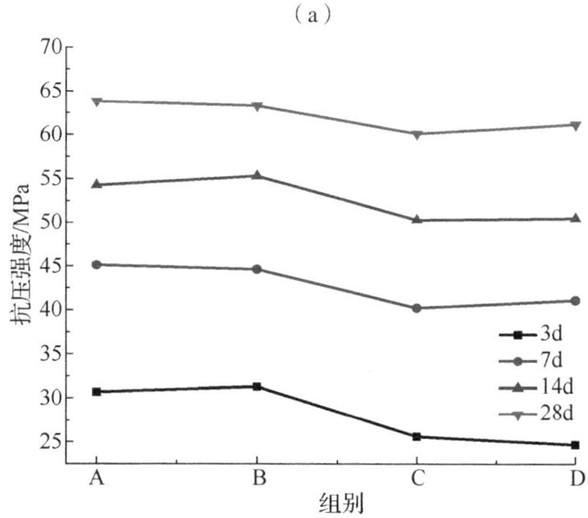

（b）

图 3.9　试件抗压强度及变化趋势

目前，我国水泥混凝土路面主要以 28d 的抗弯拉强度作为评价指标，本试验试件的 7d、28d 抗折强度如图 3.10 所示。由图 3.10 可知，在未涂覆 SCM 时，A 组和 B 组试件 7d 强度相差不大，约为 4.50MPa，C 组和 D 组试件抗折强度相当，约为 3.88MPa；涂覆 SCM 之后，28d B 组试件的抗折强度为 6.67MPa，A 组试件的抗折强度为 6.35MPa，是 B 组的 95.2%，C 组的抗折强度达到 5.95MPa，是 D 组的 94.3%，说明涂覆 SCM 后可使试件抗折强度略有提升，但不明显，强度增长为 5%左右，其原因可能是 SCM 在试件表面形成一层保护膜，对外力有一定的抵抗作用，或者渗进混凝土的部分对混凝土强度有一定的增强作用；另外，C、D 组试件 7d 的强度为 A 组的 86.2%，而 C 组 28d 的强度是 A 组的 93.7%，其抗折强度增长趋势与抗压强度增长类似：前期慢，后期快，28d 强度略低于普通混凝土，但符合规范要求，可在工程中正常使用。

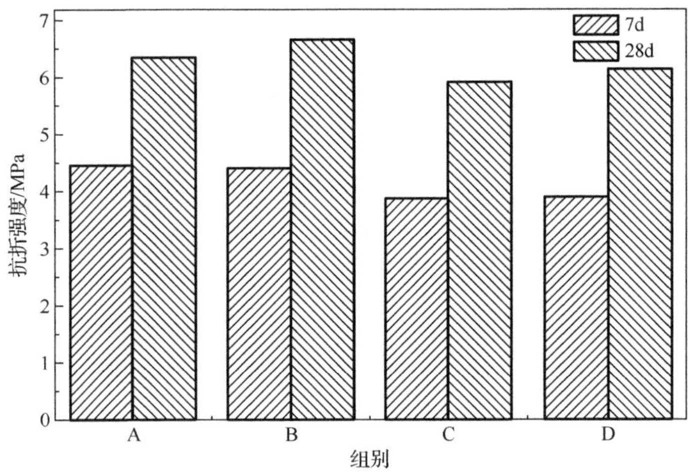

图 3.10　试件抗折强度对比

3.4　超疏水水泥混凝土路面材料防覆冰效能

3.4.1　“冰-路”附着力性能试验简介

1. 摆锤式附着力表征法

目前，国内外尚缺乏简单、易行的“冰-路”附着力测试技术和评价方法，因此，本研究通过自主设计，开发了“摆锤式附着强度”测试装置来测定冰的残留率，并通过冰的残留率来间接反映“冰-路”附着力。“冰-路”附着力测试装置示意图如图 3.11 所示。其工作原理为：将试件固定在可调节固定夹座上，通过落锤自由下摆产生的竖向冲击力和水平剪切力破冰，测定冰的残留率。摆锤的冲击力度可通过落摆的角度和摆头上砝码的数量调节。

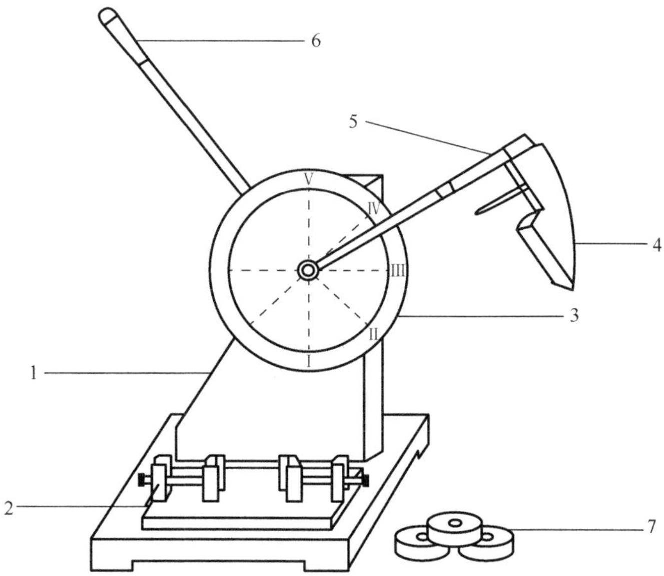

1．基座；2．固定夹座；3．刻度盘；4．T形摆头；5．伸缩杆；6．控制手柄；7．砝码。

图 3.11　“冰-路”附着力测试装置示意图

具体试验方法：①取试件放入相对湿度 60%、−10℃±2℃的冷冻室，在试件表面人工喷洒适量的水（喷洒过程中水全部留在试件表面，无溢出、流失等），冷冻 2h；②在冷冻室内称量此时试件的质量为 m_1（精确到 0.1g），并记录；③将试件固定在基座台的夹座上，调节夹座两端的螺栓固定试件，通过调节收缩杆，使竖直放置的摆头和试件的上表面在同一高度，之后在摆头上串加一定量的砝码；④下压控制柄，将摆头上调到适当位置，然后释放控制柄，任摆头自由下摆并破冰；⑤摆头破冰完毕后去除螺栓，将试件取出，用刷子去除试件表面的破碎冰，之后称量试件的质量 m_2；⑥清除试件表面所有剩余的残留冰，称量试件质量为 m_3，计算试件两次的质量差即可得到冰的总质量 m_1-m_3、残留冰的质量 m_2-m_3；⑦通过式（3.3）测得冰的残留率：

$$\rho = \frac{m_2 - m_3}{m_1 - m_3} \tag{3.3}$$

2. 劈裂试验法

在摆锤式附着力表征法的基础上，进一步设计了劈裂实验法来研究“冰-路”附着力。

具体试验步骤：①分别将提前制备好的 100mm×100mm×100mm 的 SAC 试件、OPC 试件放入 400mm×100mm×100mm 的钢模中，两试件中间用塑料膜隔开，两端各留出 100mm 的距离，如图 3.12（a）所示；②在两端空槽中加满水（和水接触的试件侧面为试验面），放进−10℃±2℃的冷冻室，4h 后取出，此时试件和水已经凝结成两个 200mm×100mm×100mm 的长方体结冰混凝土试件，如图 3.12（b）所示；③拆模，将结冰的混凝土试件放在压力机上，在试件和冰的界面两端放两根圆弧形垫条并加压直至劈裂，试验过程示意图如图 3.13 所示；④记录并分析。

（a）混凝土试件　　（b）混凝土+冰试件

图 3.12　试件成形过程

（a）劈裂试验原理图　　（b）劈裂实际效果图　　（c）劈裂试验结果图

图 3.13　劈裂试验过程示意图

3.4.2　“冰-路”附着力试验研究

同种物质之间的相互作用力称为黏附力，不同种物质之间的作用力称为附着力，对于冰和混凝土而言，附着力越大冰越难以清除，为了探讨超疏水水泥混凝土路面的除冰难易性能，本节开展了冰与路面附着力的试验研究，具体步骤如下。

取标准条件养护下的五组立方体试件，使用橡皮泥将直径为 2cm、高为 5cm 的 PVC 管竖直固定在试件表面，PVC 管与试件表面接触的部分用橡皮泥封紧，避免漏水；将自来水倒入 PVC 管内，之后将其放进温度为-15℃±2℃的冰箱内冷冻 10h［图 3.14（a）］；10h 后将试件取出，去掉橡皮泥，将试件固定在提前准备好的夹具内，使用电子测力计测试冰与试件表面的附着力。为了使测试结果更精确，使用测力计时使拉力环始终处于试件表面且拉力方向与试件表面平行，缓慢匀速地拉测力计，多次测量求平均值，附着力的测试过程如图 3.14（b）所示。

（a）

（b）

图 3.14 冰的附着力试验过程

通过分析表 3.11 和图 3.15 可知，四组附着力的大小关系为：$F_A>F_C>F_B>F_D$，A 组的附着力达到 213.9N，B、C、D 三组分别是其附着力的 28.9%、48.2%、23.5%，A 组远远超过其他 3 个组，这是因为 A 组为普通混凝土，而普通混凝土表面多孔且亲水，当水滴落到表面时水滴瞬时铺展，同时水分渗进混凝土表面的空隙中，在低温条件下水分结冰，与混凝土无“隔阂”接触，形成紧密的物理连接［图 3.16（a）］，使“冰-路”浑然一体，进而使冰与混凝土表面之间的附着力增大，导致除冰困难；B、C 两组虽然都有超疏水材料的作用，但是 B 组的附着力小于 C 组，这是因为 B 组在 SCM 的作用下，混凝土表面生成微纳米粗糙结构形成“气垫”作用且硅烷类物质与混凝土表面的—OH 脱水较彻底，使得—Si—O——端的疏水性烷基充分外露于混凝土表面，表现出优异的疏水性能，因此冰的附着力较小；D 组冰的附着力最小，究其原因，在外涂 SCM 和内掺 IHM 的双重作用下，疏水效果增强，由于微纳米粗糙结构的存在水分和混凝土表面之间被空气填充水分无法渗入孔隙内部，结冰只存在于混凝土表面且结冰与混凝土内部无力学连接［图 3.16（b）］，冰与混凝土的附着力显著降低，可使冬季路面除冰更加方便，降低除冰对路面的损伤。

表 3.11　冰与混凝土表面的附着力数据　　（单位：N）

组别	附着力					
	1	2	3	4	5	平均值
A	212.4	216.7	210.3	215.6	214.8	213.9
B	60.3	61.8	62.6	61.5	63.1	61.8
C	103.2	99.7	105.6	102.1	104.5	103.1
D	49.6	50.3	48.7	51.7	50.5	50.2

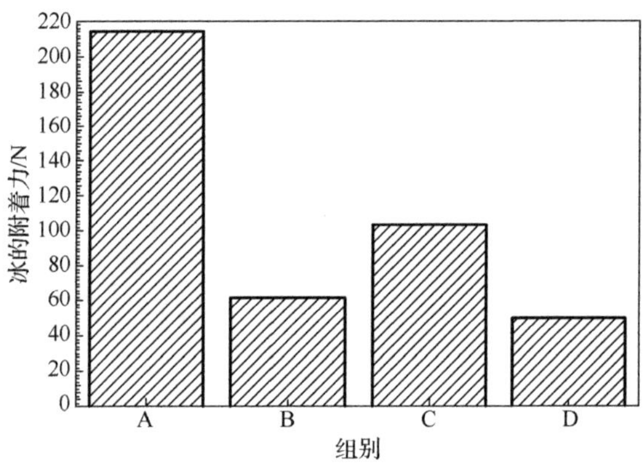

图 3.15　各组冰的附着力

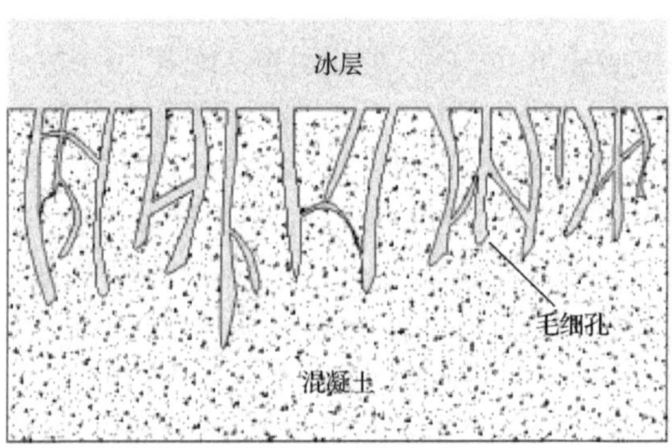

（a）普通混凝土

图 3.16　混凝土表面结冰示意图

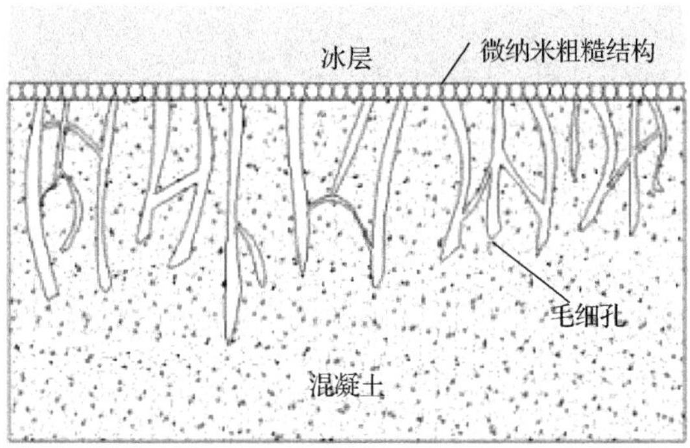

（b）超疏水水泥混凝土

图 3.16（续）

3.4.3　超疏水水泥面层结冰模拟试验研究

1. 试验方案设计

3.4.2 节已经提到，将超疏水材料应用于混凝土路面可以促进液滴在路面滚落以达到事前防冰、减冰的效果，本节通过人工模拟降雨，对比不同组别混凝土的结冰质量评价超疏水水泥混凝土路面的防覆冰效果。

本试验使用自主设计的降雨模拟装置进行试验，使“雨水”流经试件，测得不同时间试件的结冰质量间接反映超疏水水泥混凝土促进液滴滚落的效果。其具体步骤如下。

（1）将冰柜温度调节至−15℃±2℃，把试验试件和水放入冰柜冷冻，直至温度降至 2℃±2℃，将试件取出，称量其质量记为 m_0。

（2）将降雨模拟装置放入冰柜，试件放于淋雨容器的正下方，使用木条将试件一段垫起约 2mm，模拟路面横坡（横坡坡度 2%），见图 3.17。

（3）调整淋雨容器的高度，使水滴流到试件表面不溅起，将提前准备好的水倒入淋雨容器中，以 1.5L/20min 的速度滴落，试验过程中对淋雨容器中的水进行搅拌，防止结冰，待淋雨容器中的水流完后，称量试件的质量，记为 m_i（i=1,2,3）。

试件质量称完之后，重新放入冰柜，淋雨容器中加满 1.5L 水，重复步骤（2）和（3），最终以表面的结冰量 Δm，超疏水水泥混凝土路面的防覆冰效果。

$$\Delta m = m_i - m_0 \tag{3.4}$$

图 3.17　模拟降雨冷冻结冰试验

2. 试验结果与分析

从表 3.12 和图 3.18 中可以看出，随着模拟冷冻试验的进行，各组试件的质量均在增加，而试件质量的增加量即为覆冰质量。从图 3.19 中可以看出，60min 后，A 组试件表面已经被冰全部覆盖，且结冰质地坚硬不易清除；B 组由于 SCM 的涂覆使得表面结冰较 A 组大幅减少，结冰边缘的形状呈弧形且结冰易于清除；C 组表面的结冰呈片状，结冰边缘较扁平；D 组表面结冰情况与 B 组相似，表面未被结冰全部覆盖，另外，D 组表面一部分结冰的形状呈圆球形与试件表面的接触面积较小。从图 3.18 中可以得出：A 组结冰质量 Δm 随时间的增长最快、C 组其次、B 组和 D 组最慢且增长速率相当，60min 时 A 组的结冰量已经达到 83.8g，而 B、C、D 三组的结冰量分别是 A 组的 31.1%、54.8%、27.3%，说明超疏水材料的使用可以减少结冰量，B、D 两组结冰量相当，但 C 组的结冰量超出 B 组约 80%，表明外涂 SCM 对减少结冰量起主要的作用，而内掺 IHM 也起到一定的减冰效果。

表 3.12　试验过程中试件的质量变化　　（单位：g）

组别	质量变化			
	m_0（0min）	m_1（20min）	m_2（40min）	m_3（60min）
A	2 466.3	2 488	2 512.5	2 550.1
B	2 482.2	2 489.1	2 498.7	2 508.3
C	2 490.4	2 503.9	2 517.2	2 536.3
D	2 485.9	2 491.9	2 500.1	2 508.8

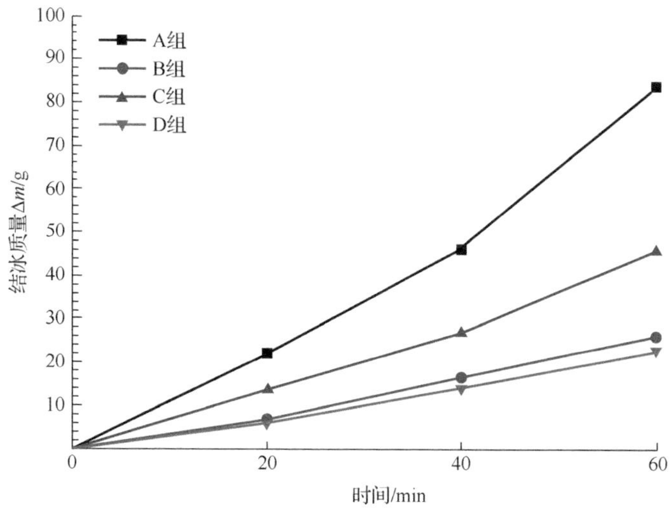

图 3.18　结冰质量随时间变化

A 组

B 组

C 组

D 组

图 3.19　60min 后试件结冰情况

产生上述现象的原因主要从混凝土表面的疏水性、接触角及滚动角解释。当水滴落至试件表面后，温度迅速降低，水滴和混凝土发生热量交换，水滴与混凝土由固-液界面接触转为固-固界面接触，随着时间的推移，冰与表面的黏结力增强，液滴停止滚动，水滴继续放热结冰。超疏水水泥混凝土试件表面由于具有疏水性使液滴中的水分无法渗入混凝土内部且具有较大的接触角和滚动角，水滴滴至试件表面后发生滚动，若水滴在结冰前滚动的距离大于水滴离试件边缘的距离，水滴方可从试件表面滚落减少结冰量。对于 A 组普通混凝土试件，当水滴滴落至表面时水分快速渗入内部并迅速结冰使水滴难以从表面滚落导致结冰量较多。

通过上述分析可知，滚动距离是影响结冰量的重要因素，假设液滴滚落过程中是匀加速运动，则滚动距离为

$$s=\frac{1}{2}g\sin\theta t^2 \tag{3.5}$$

式中：g——重力加速度，m/s^2；

θ——混凝土表面的倾斜角，(°)；

t——液态水滴存在的时间，s。

分析式（3.5）可知，液滴的滚落距离与倾斜角和时间有关，倾斜角越大对水滴的滚落越有利，即使在降雨较大时，雨水形成径流快速排除混凝土路面，因此在修筑路面时在规范合理的范围内，适当提高路面横坡坡度可以有效降低路面结冰量。

3. *凝结动态过程分析*

（1）试验简述。

道路表面水的成核结晶时间是衡量冰凝结快慢的一个关键指标。一般来说，冰凝结得越快，相同的时间内单位面积路表冰的积累量也就越多。另外，在道路除冰工作中，冰的凝结速度过快可能会导致未及时清除的路表破碎冰发生二次结冰现象，大幅降低了除冰效率，延迟通车时间。基于以上考虑，本章设计了降温冷冻试验以探寻超疏水水泥混凝土路面表面水的结晶快慢差异，具体方案设计见表 3.13。

表 3.13　方案设计

组别	硅烷酯类	纳米 SiO_2	其他外加剂
空白组	无	无	无
疏水组	有	无	有
超疏水组	有	有	有

（2）试验仪器设备及试件。

① 冷冻室。

② 测温计。

③ 量筒：玻璃量筒，大小 500mL 与 1 000mL 个若干。

④ 金属环：内径 150mm。

⑤ 橡皮泥。

⑥ 计时器。

⑦ 试件：预先养护的普通组、疏水组、超疏水组水泥混凝土路面板试件各一块，尺寸均为 350mm×225mm×100mm。

（3）试验步骤。

① 在温度为-15℃的冷冻室内平行放置三块试验用水泥混凝土路面板。

② 在路面板上放置大小相同内径为 150mm 的金属环，并用橡皮泥密封金属环与路面板之间的缝隙，使得二者构成一个不透水的环形水仓，水仓构造如图 3.20 所示。

图 3.20　水仓构造

③ 等混凝土表面温度大概降到 0℃时，分别在三个水仓内注入 100mL 的自来水，静置不动，观察水的结晶情况，拍照并记录绘出冰的力学强度与时间的关系，路面板的结冰情况对比如图 3.21 所示。

（4）试验结果与分析。

从图 3.21 中可以看出，普通组试件在 0～3min 时相当于结冰潜伏期，到 3min 以后手感有冰，相比之下，疏水组和超疏水组要到 5min 和 8min 以后。这表明：水泥混凝土路面的疏水性能的改善能有效延缓冰的成核结晶时间。值得注意的是，在 60～90min 时，冰的结构强度$\sigma_{普通组}<\sigma_{超疏水组}<\sigma_{疏水组}$，也就是说，疏水性水泥混凝土路面虽然能延缓冰的成核结晶开始时间，但并不能延缓冰的强度成长，反而有一定的促进作用。

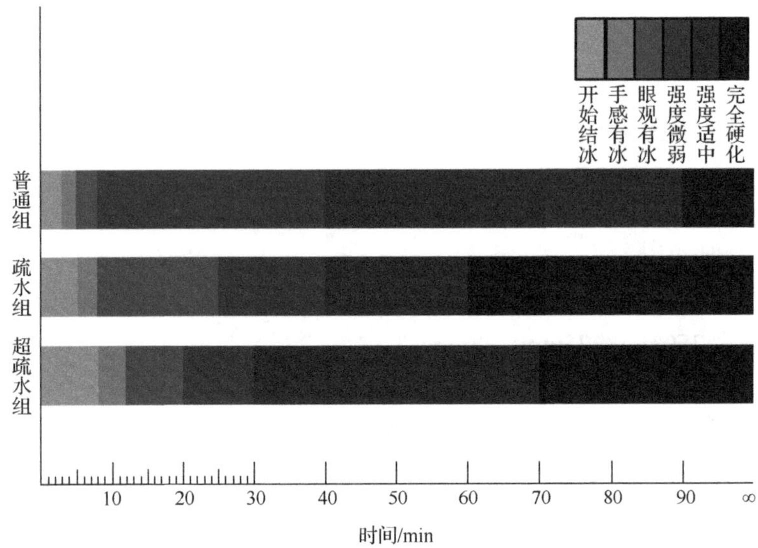

图 3.21　路面板的结冰情况对比

3.4.4　多种凝冰工况下水泥混凝土面层覆冰性能试验研究

结冰是一种常见的自然现象，笼统地讲是指液态的水遇冷凝固的过程。但根据水的初始物相不同，可以将结冰分为多种，其中包括前面研究过的降雨结冰以及接下来要分析的凝霜结冰、降雪结冰及冻雨结冰等。

由于初始物相的不同，一般基质表面所结的冰的物理力学性质是不同的。为研究超疏水水泥混凝土路面在各种不同凝冰工况下的防覆冰性能，本节将以普通水泥混凝土为参照，对比分析超疏水水泥混凝土的防覆冰性能的好坏。

1. 凝霜结冰模拟试验

（1）试验简述。在我国南方低温高海拔地区，路面湿度大，冬季清晨路面温度常在 0℃以下。这种气候环境下，弥漫在路表的水来不及散发便会在其表面凝结成霜。一般来说，路面结霜对公路路面的影响是微弱的，但当气温和湿度超过一定限度时，大量的霜颗粒嵌入路面凹凸的纹理中，将大幅减低路面的抗滑性能，影响交通出行安全。为探索超疏水水泥混凝土路面对霜形成的影响，本节设计了表面凝霜试验。

（2）试验仪器设备及试件。

① 冷冻室。

② 测温计。

③ 湿度计：量程 1%～100%。

④ 计时器。

⑤ 试件：预先养护的普通组、超疏水组水泥混凝土试件各一只，尺寸均为100mm×100mm×100mm。

（3）试验步骤。

① 取标准环境下养护的两组立方体混凝土试件，放置于-10℃的冷冻室中，拍照记录两组试件表面原始形貌，如图 3.22（a）所示。

② 控制冷冻室湿度到 80%，每 10min 观察一次试件表面的凝霜情况，3h 后拍照记录。

（4）试验结果与分析。通过对比试验前后的两组试件表面情况来看［图 3.22（b)］，普通水泥混凝土试件表面已经泛起一层薄霜，而超疏水涂层处理过的超疏水水泥混凝土试件表面凝霜较少，这说明超疏水水泥混凝土路面对凝霜具有一定的抑制作用。

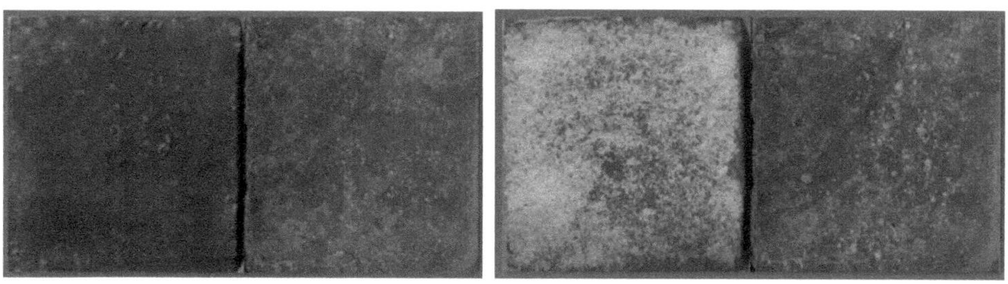

普通组　　超疏水组

（a）试验前试件表面的形貌　　（b）试验后试件表面的形貌

图 3.22　道路凝冰模拟试验效果

分析其原因同样存在两点：其一，霜的形成属于水的另一种结晶形式，与水结冰不同的是，霜的形成是基质表面粒径在几十微米到几百微米级的微液滴的液-固相变过程。对于超疏水水泥混凝土路面而言，路表存在一定数量的微纳米结构，而下落的微液滴与路面接触实际上是液滴与这种微纳米结构的点接触，又因为一般来说这种点接触过程所产生的附着力是微弱的，这就使得相邻的液滴之间会产生一个融合效应。众所周知，液滴在融合过程中总表面积是减少的，表面积的减少伴随着表面能的释放，释放的表面张力若是大于固体界面拉力的情况下，微液滴就会发生弹起，从而保持路面一个干燥无霜的状态。在查到的文献资料中，有学者将这种微液滴疏离基质表面的现象称为自驱动融合-弹起机制，如图 3.23 所示。其二，如上所述，水泥混凝土路面表面的微纳米结构中滞留着一定数量的空气，这些空气形成的气垫会抑制路面与微水滴之间的热交换，进而从热传导的角度削弱了霜的凝结。

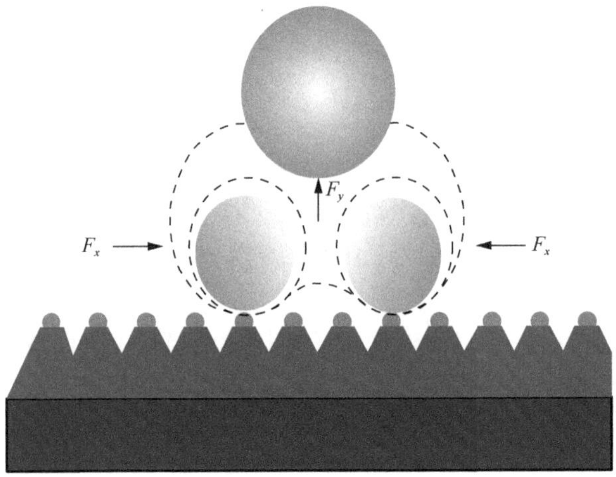

图 3.23 超疏水水泥混凝土路面微液滴自驱动融合–弹起机制

2. 降雪结冰模拟试验

（1）试验简述。降雪结冰是道路每年冬季及早春经常出现的一个问题，尤其是在我国南方的大部分地区，降雪一般为“湿雪”，往往属于 0～4℃的混合态水，降落在道路表面便成冰水糨糊状，一到夜间气温下降，就会凝固在路表形成大片的冰块黏附在路面上。为探索超疏水水泥混凝土路面对降雪结冰的附着力强度大小的影响，按照落重式附着强度表征公式，设计试验并计算了普通水泥混凝土路面与超疏水水泥混凝土路面降雪结冰的附着强度。

（2）试验仪器设备及试件。

① 冷冻室。

② 测温计。

③ 电子秤：中型电子秤。

④ 固定支架台。

⑤ 砝码：挂钩式金属砝码，标准重 1kg。

⑥ 尺子：卷尺，量程 5m，精度 1cm；钢尺，用于抹平碎冰。

⑦ 刷子。

⑧ 计时器。

⑨ 试件：预先养护的普通组、超疏水组水泥混凝土试件各 7 件，尺寸均为 100mm×100mm×100mm。

（3）试验步骤。

① 取标准环境下养护的两组立方体混凝土试件各 7 件，放置于−10℃的冷冻

室中。待试件表面温度降到 0℃左右时，在试件上表面撒上一层质量约为 30g 的雪［图 3.24（a)］，用钢尺将雪摊平，使其均匀分布。

② 如前面试验所述，利用小喷壶在各组试件上洒上 10mL 0℃的水，冷冻室内冷冻 2～3h，使水凝结在试件表面［图 3.24（b)］，取出试件称量记为 m_1。

③ 2h 后，将 1kg 的砝码于 20cm 的落高锤击混凝土试件，以此模拟汽车轮胎对路面的冲击效果，重复上述操作 2 次。

④ 用刷子去除试件表面的破碎冰［图 3.24（c)］，称得质量为 m_2。随后，刮除试件表面所有的附着冰，称取试件净重 m_3。

⑤ 通过式（3.6）计算冰的残留率：

$$\rho = \frac{m_2 - m_3}{m_1 - m_3} \tag{3.6}$$

（4）试验结果与分析。结合图 3.24 和图 3.25 可以看出，普通组的残留率在 0.87～0.88 波动，相比之下，超疏水组的 ρ 值只在 0.18～0.19 波动。这表明，降雪结冰在超疏水水泥混凝土试件组的附着力远小于普通水泥混凝土组，也意味着道路表面清冰、除雪工作难度将大大降低。

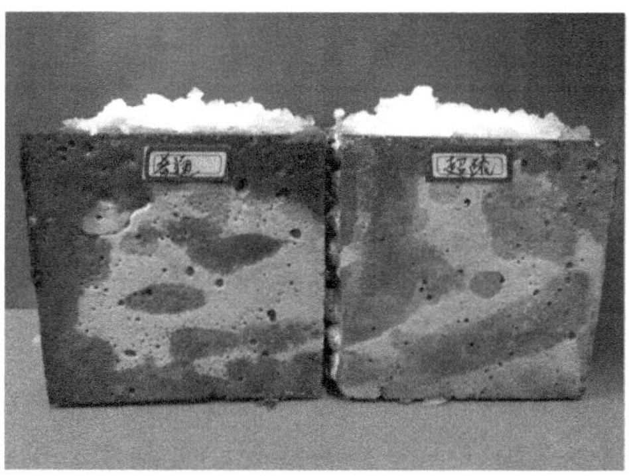

（a）水泥混凝土试件表面铺上撒雪

（b）结冰处理后的试件表面

图 3.24　降雪结冰模拟试验效果

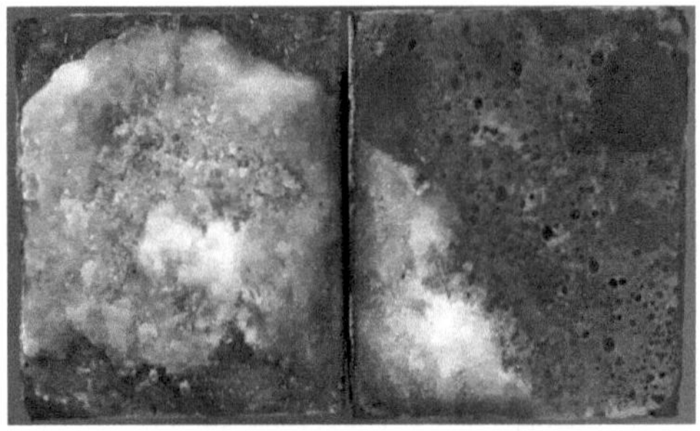

（c）落重处理后试件表面残留冰

图 3.24（续）

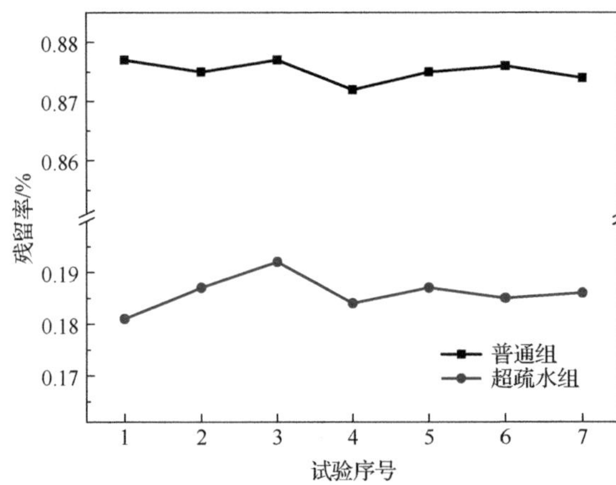

图 3.25　降雪环境下测得的残留率

3. 冻雨结冰模拟试验

（1）试验简述。在部分极端低温严寒的雨雪天气，室外温度可达-10℃以下，这种情况下经常会出现下冻雨（碎冰）的情况，受雨水影响这些冻雨（碎冰）会在道路上黏结进而影响道路的使用性能。针对这一工况，本章设计了冻雨结冰模拟试验，来检测超疏水水泥混凝土路面是否具有阻碍冻雨、碎冰附着的效果。

（2）试验仪器设备及试件。

① 冷冻室。

② 测温计。

③ 电子称：中型电子秤。

④ 固定支架台：包含固定台，支架杆、滑轮及细绳等。

⑤ 砝码：挂钩式金属砝码，标准质量 1kg。

⑥ 尺子。

⑦ 刷子。

⑧ 红墨水。

⑨ 计时器。

⑩ 试件：预先养护的普通组、超疏水组水泥混凝土试件各 7 件，尺寸均为 100mm×100mm×100mm。

（3）试验步骤。

① 取标准环境下养护的两组立方体混凝土试件各 7 件，放置于-10℃的冷冻室中。待试件表面温度降到 0℃左右时，在试件上表面撒上一层质量约为 30g 的碎冰，用钢尺将冰摊平，使其均匀分布［图 3.26（a）］。

② 如前面试验所述，利用小喷壶在各组试件上洒上 10mL 0℃的红墨水溶液，冷冻室内冷冻 2～3h，使红墨水凝结在试件表面［图 3.26（b）］。取出试件称量记为 m_1。

③ 2h 后，将 1kg 的砝码于 20cm 的落高锤击混凝土试件，以此模拟汽车轮胎对路面的冲击效果，重复上述操作 2 次。

④ 用刷子去除试件表面的破碎冰［图 3.26（c）］，称得质量为 m_2。随后，刮除试件表面所有的附着冰，称取试件净重 m_3。

⑤ 根据式（3.6）计算冰的残留率。

（a）水泥混凝土试件表面铺上碎冰

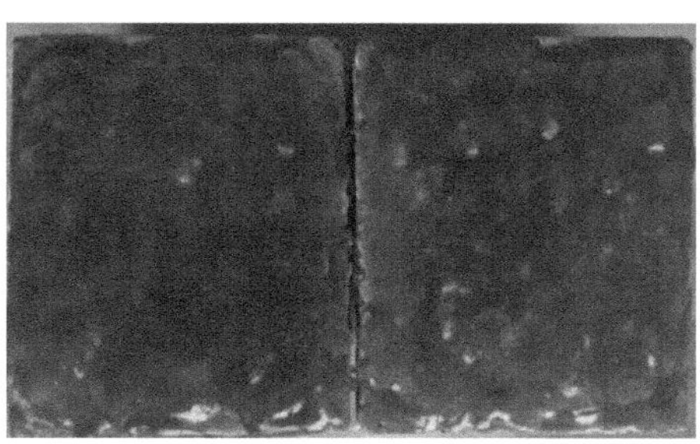

（b）结冰处理后的试件表面

图 3.26　冻雨结冰模拟试验效果

（c）落重处理后试件表面残留冰

图 3.26（续）

（4）试验结果与分析。由图 3.27 可以看出，普通组试件残留率 ρ 值 为 0.76～0.78，试验组的 ρ 值在 0.36～0.38 上下浮动，约为普通组的 47.37%。由此可知，在冬季路面冻雨或破碎冰未及时清除等路面二次结冰的情况下，超疏水水泥混凝土路面表面冰的附着力低于普通水泥混凝土路面。综合分析三种不同工况可以得出结论，超疏水水泥混凝土路面在道路凝霜、降雪结冰以及冻雨结冰等不利气候环境下，都具有良好的防冰霜性能。另外，参考图 3.28 所示冰的残留率，对比降雪与冻雨天气路面结冰的附着强度大小（ $\rho_{超-雪} < \rho_{超-冻} < \rho_{普-雪} < \rho_{普-冻}$ ）可知，超疏水水泥混凝土路面适用于多种不同的工况，尤其适用于道路积雪结冰的严寒天气情况。

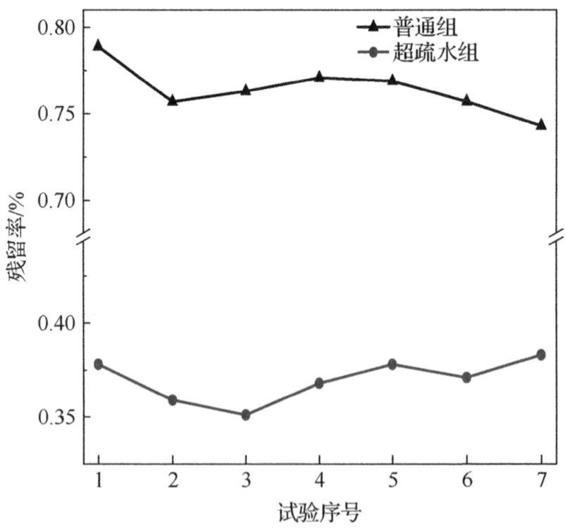

图 3.27　冻雨环境下测得的残留率

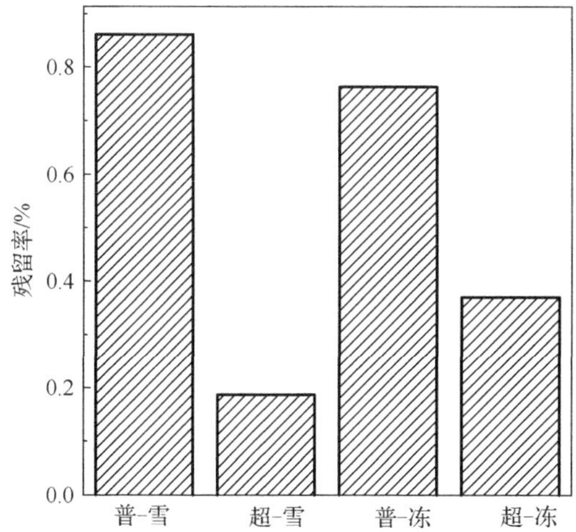

图 3.28　冰的残留率

3.4.5　微观结构试验与分析

混凝土的宏观性能与微观结构有密切的联系，胶凝材料在水化过程中生成的微观物质相当于混凝土的“基因”，这些微观物质的组成及分布对混凝土的结构及性能起重要的作用。本试验采用扫描电子显微镜（SEM）对超疏水水泥混凝土的微观形貌进行观测，分析 SCM、IHM 在混凝土中的分布情况，并从微观角度探讨疏水材料对混凝土疏水、防冰等相关性能方面的影响，试验仪器如图 3.29 所示。

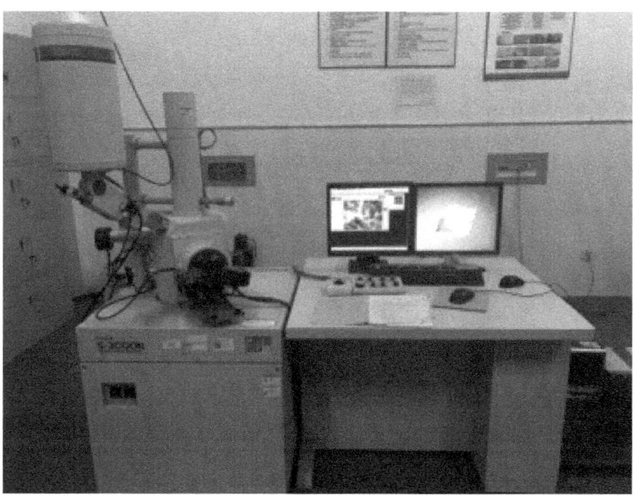

图 3.29　试验仪器

孔隙率是影响混凝土吸水率、抗渗性、抗冻融性等性能的重要因素，一般来讲孔隙率越大混凝土的长期性与耐久性越低，因此孔隙率是影响混凝土服役期限的重要指标；另外，表面结构的粗糙程度对路面疏水性能的优劣具有显著影响，在低表面能界面上界面越粗糙，液体与该表面的接触角越大，疏水性能越好，因此混凝土路面的表面构造形态对超疏水水泥路面的疏水、防冰性能影响较显著，是评价超疏水水泥混凝土路面防覆冰性能的重要指标，本节按照前述配合比制备了超疏水水泥砂浆试件，通过电子扫描显微镜（SEM）对其微观结构中的孔隙及粗糙程度进行观测和分析。

从图 3.30 中各组的电镜扫描图可以看出，普通组中存在大量的孔隙，推测可能是水化产物中的针状水化硅酸钙 C—S—H 和棱柱状的钙矾石晶体 AFt 在水化时结构排列松散所致，因此在耐久性与长期性试验中，其吸水率增加使其耐硫酸盐腐蚀性能和抗冻融性能下降；内掺 IHM 组的表观形貌相对普通组较粗糙，表面被颗粒状的物质覆盖，且视野内的孔隙较普通组明显减少，究其原因可能是水泥水化时 IHM 和水化产物反应生成硅烷类聚合物，阻塞毛细管道，并形成憎水层降低毛细管的吸附作用，由此改善了混凝土的孔隙率及吸水率，延长服役期限；外涂

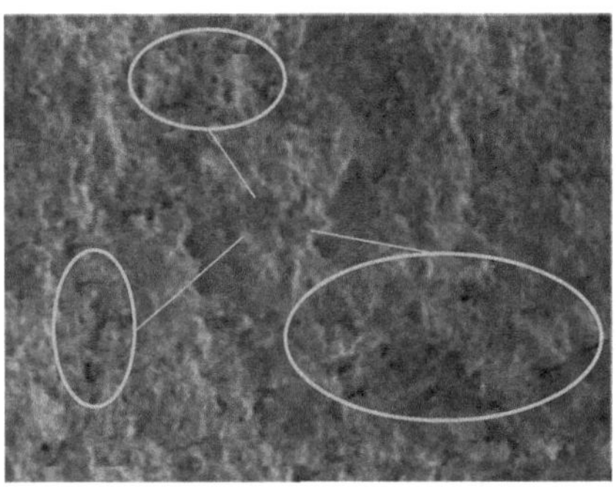

（a）普通组

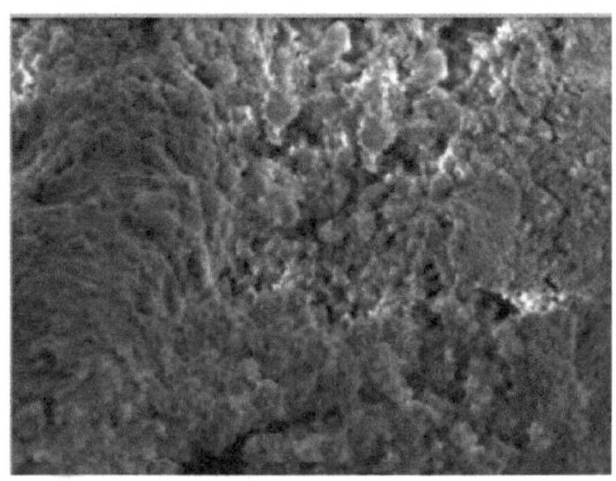

（b）内掺IHM组

（c）外涂SCM组

图 3.30　各组的电镜扫描图

SCM组未发现较大的孔隙结构，表层絮状类似于“蜂窝结构”的物质推测是SCM脱水缩合后生成的网状硅烷类聚合物，而表面生成的类似于荷叶乳突状的颗粒物质可能是改性后的纳米二氧化硅及其团聚物，两者形成微纳米粗糙结构，使其表面呈现出较优的疏水性能，另外，这些纳米二氧化硅颗粒覆盖了表面的裂缝使试件表层内部结构更加密实。

3.5　超疏水水泥混凝土面层耐久性研究

本节将对上节中制备的A、B、C、D四组试件进行超疏水面层长期性与耐久性试验。试验内容从超疏水面层的吸水率、耐硫酸盐腐蚀和抗冻性能三个方面展开。

3.5.1　吸水率试验

1．水对路用混凝土性能的影响

水在混凝土中不同时期扮演着不同的角色，在前期水可以促进水泥水化，使混凝土的强度得以提高，但在后期混凝土长期在水的作用下就会受到一些负面的影响。

（1）冻融作用。在冬季低温条件下如果水渗进路面混凝土结构中，会造成内部的水反复结冰融化，且冰的体积比同等质量的水的体积大，在长时间冻融循环作用下裂缝增加且混凝土的抗折强度、抗压强度、弹性模量严重下降，造成唧泥、断板等病害的发生，引发交通安全隐患。

（2）溶析性侵蚀。混凝土的水化产物长期被水溶解带走的一种侵蚀现象，在溶析性侵蚀的长期作用下路用混凝土的力学强度和密度不断降低，最终导致混凝土路面结构发生破坏。

（3）硫酸盐的侵蚀。混凝土路面被硫酸盐侵蚀后，混凝土表面会出现裂缝、松散剥落、颜色发白的现象，这是由于水泥的水化产物和硫酸盐发生反应，生成体积膨胀2.5倍的钙矾石晶体，致使混凝土内部力过大，路面结构发生破坏。

（4）锈蚀钢筋。混凝土中钢筋锈蚀是一种电化学反应的过程，阴极和阳极在反应过程中会生成铁锈，而铁锈的体积是原来钢筋的2～4倍，伴随着铁锈的不断生成，在顺着钢筋长度的方向混凝土发生开裂，导致路面混凝土破坏，钢筋进一步腐蚀。因此，如果降低混凝土的吸水率，则上述的破坏侵蚀现象会受到抑制，路用混凝土的耐久性便得以提高。

2. 试验方法

吸水率试验[53]方法如下所述：首先，将待测试件放入电热烘箱，在 60℃±5℃、80℃±5℃条件下各保温 24h，继续在 105℃±5℃条件下烘干至恒量（M_0）；其次，将试件冷却至室温后放入水温为 25℃±5℃的恒温水槽中，使水面达到试件高度的 1/3 处，24h 后将水添加至试件 2/3 高度处，再过 24h 加水至超出试件上表面 30mm 以上；最后，每隔 3h、6h、9h、12h、24h、36h 将试件取出，用湿布抹去表面水分，称量 M_i，计算试件的吸水率 W_i 见式（3.7），试验过程如图 3.31 所示。

$$W_i = \frac{M_i - M_0}{M_0} \times 100\% \tag{3.7}$$

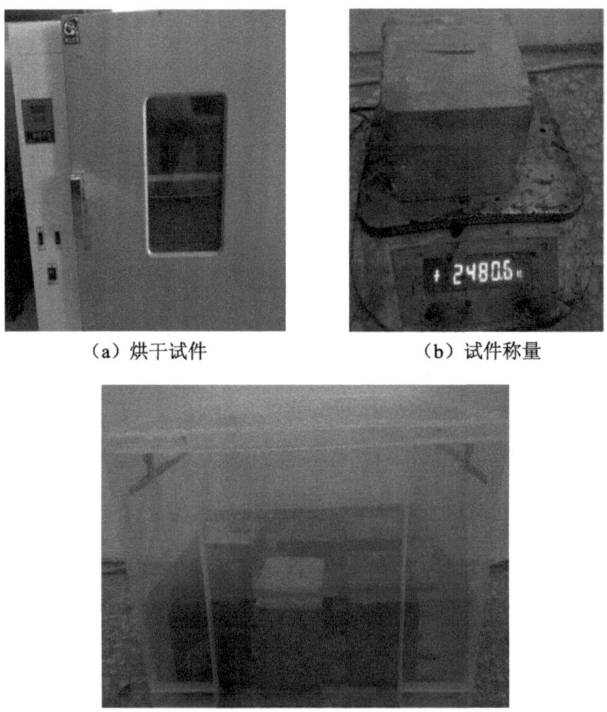

（a）烘干试件　　（b）试件称量

（c）吸水率测定

图 3.31　试件吸水率试验过程

3. 试验结果与分析

A、B、C、D 四组试件的试验结果如表 3.14 和图 3.32 所示。由表 3.14 和图 3.32 可知，四组试件前期吸水率增长较快，特别是在 0～8h 内，后期增长较慢，

24h 后逐渐趋于稳定。A 组试件的吸水率在不同时段均大幅超出其他三组，B 组 36h 的吸水率为 0.63%，仅为 A 组的 27.8%，表明 SCM 的涂覆在一定程度上可以降低混凝土的吸水率。C 组与 B 组相比，前 4h 图像几乎重合，斜率值较接近，由此可得两组试件吸水速率相当，从第 4h 开始 C 组的吸水速率开始低于 B 组，36h 其吸水率为 0.42%，比 B 组降低了 33.3%。究其原因，前期由于涂层的超疏水作用将试件和水几乎隔离，在水中长时间浸泡和水压力的增大，超疏水表面薄弱区域被水分侵入，导致吸水率增高，而 C 组由于 IHM 的掺入使孔隙率降低，由内而外形成保护层，使得水分难以进入，疏水效果更彻底，吸水率较小。D 组由于外涂和内掺相结合，在“双重保护”的作用下，36h 的吸水率仅有 0.19%，是 A 组普通混凝土试件的 8.4%，因此经过内掺和外涂的 D 组超疏水混凝土试件可以起到很好的防水、疏水效果，使混凝土的服役期延长。

表 3.14　吸水前后各试件质量　（单位：g）

组别	M_0	M_4	M_8	M_{12}	M_{24}	M_{36}
A	2 533.4	2 561.7	2 568.9	2 573.7	2 584.3	2 590.8
B	2 480.6	2 483.4	2 486.7	2 489.6	2 493.3	2 496.1
C	2 540.3	2 542.9	2 544.1	2 545.3	2 549.2	2 550.9
D	2 531.8	2 532.8	2 533.5	2 534.3	2 535.9	2 536.7

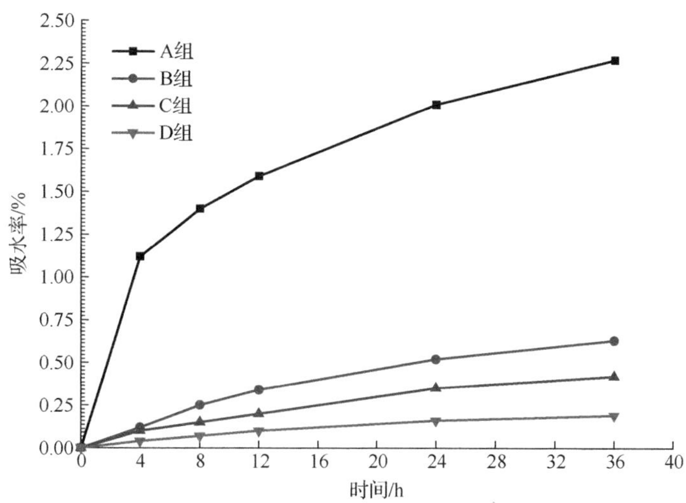

图 3.32　吸水率对比图

D 组的吸水率之所以很低，是因为缩聚后的硅烷链弥补了混凝土施工时无法完全消除的孔隙，在“偶联桥键”的作用下使其结构更加致密，硅烷链纵横交错形成憎水膜分布在水泥混凝土孔壁内，而憎水膜具有较低的表面张力，水分在憎水膜上以微小水滴状态存在，抑制水分的侵入，但是憎水膜并不能绝对完全阻止水分进入混凝土，这是因为反应生成的硅烷分子的尺寸不一定全部小于 C—S—H 凝胶中的微孔，因此比硅烷分子更小的孔隙不会被憎水膜覆盖，当水或湿润空气压力较大时水蒸气就能进入这些毛细孔结构中；此外，混凝土表面粗糙不平，存在一些较大的孔隙结构，微量的水分依旧能进入这些结构，再者混凝土的吸水量与 C—S—H 凝胶的浓度也有一定的关系。

3.5.2 耐硫酸盐腐蚀试验

1. 硫酸盐对路用混凝土的影响

生活中的地下水、工业废水、降雨及生活废水中常含有一定量的硫酸盐，当这些水分渗进混凝土路面后，其中的硫酸盐和水泥的水化产物发生化学反应，生成钙矾石晶体造成混凝土体积膨胀、开裂，引发结构破坏[54]。主要反应如下所示。

（1）与 Na_2SO_4 反应：

$$Ca(OH)_2+Na_2SO_4+2H_2O \longrightarrow CaSO_4 \cdot 2H_2O+2NaOH$$

在此反应中首先生成钙矾石，随着反应的进行 SO_4^{2-} 浓度逐渐下降，生成低硫型水化物（$3CaO \cdot Al_2O_3 \cdot CaSO_4 \cdot 12\ H_2O$）。随着 SO_4^{2-} 的转移，低硫型水化物将转化为钙矾石，引起二次膨胀。

（2）与 $MgSO_4$ 反应：

$$Ca(OH)_2+ MgSO_4+2H_2O \longrightarrow CaSO_4 \cdot 2H_2O+Mg(OH)_2\downarrow$$

此反应中有 $Mg(OH)_2$ 沉淀生成，使生成物的浓度不断下降，加速反应向正方向进行，导致溶液 pH 值下降，致使 C—S—H 等水化产物加速分解。

（3）与 $CaSO_4$ 反应：

$$3CaO \cdot Al_2O_3 \cdot 6H_2O+3(CaSO_4 \cdot 2H_2O)+19H_2O \longrightarrow 3CaO \cdot Al_2O_3+3CaSO_4 \cdot 31H_2O$$

由于 $CaSO_4$ 微溶，溶液的 pH 值基本保持不变，仅表现钙矾石膨胀破坏。

综上所述，降低硫酸盐在混凝土的渗入可以显著提高路用混凝土的强度，使其长期性与耐久性提高。

2. 试验方法

参考《普通混凝土长期性能和耐久性能试验方法标准》（GB/T 50082—2009）[55]，按设计要求的混凝土配合比，制作 100mm×100mm×100mm 的立方体标准试件。按照成型工艺进行试件成型，静停 1d 后拆模，移入标准养护室内标养 28d。之后，将标养 28d 的混凝土试件取出，浸泡在提前配制好的 5%Na_2SO_4 溶液中。容器为带盖塑料制品。浸泡龄期为 30d、60d、90d、120d、150d（图 3.33）。按规定龄期分别取出一组（3 块）混凝土试件，并测定其在浸泡介质中的抗压强度，求其抗腐蚀系数 K 值，计算公式如下：

$$K = \frac{f_1}{f_2} \tag{3.8}$$

式中：K ——抗腐蚀系数（K>0.8 为合格）；

f_1——在 Na_2SO_4 溶液中浸泡一定龄期的试件抗压强度；

f_2——试件 28d 的抗压强度。

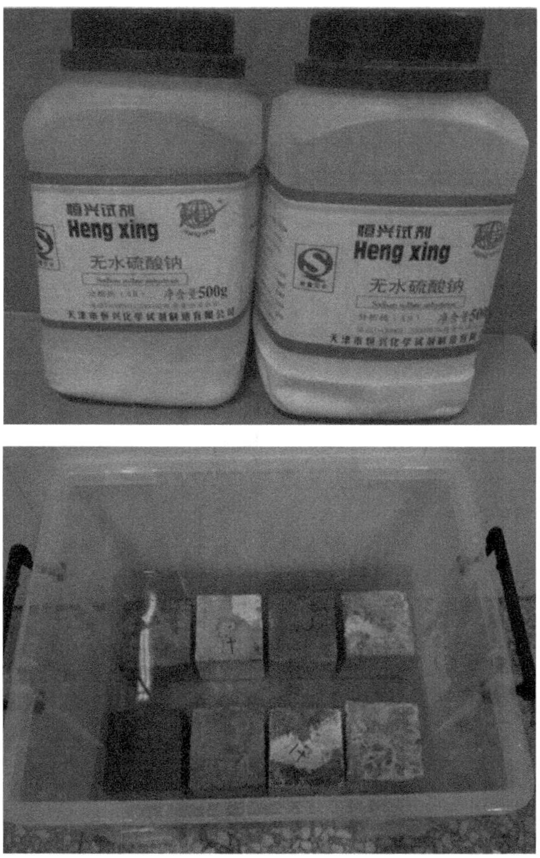

图 3.33　抗硫酸盐及腐蚀试验

3. 试验结果与分析

由表 3.15 和图 3.34 可知，四组试件的抗压强度及抗蚀系数随硫酸盐溶液浸泡龄期的增加先增高后降低，浸泡 30d 时抗压强度值达到顶峰，30d 后逐渐下降。

前 30d 内，A 组的抗蚀系数 K 增长最快，30d 时达到 1.14；B、C 两组其次，增长速率相当，30d 时的抗蚀系数分别为 1.10 和 1.09，D 组增长最慢，30d 时的抗蚀系数为 1.06。30d 之后 A 组的 K 值急速下降，150d 时只剩下 0.65，低于破坏标准值 0.8，已达到破坏。B、C 两组前 90d 的 K 值比较接近，两组图像几乎重合，90～150d 时 B 组下降速率超过 C 组，图像逐渐分开，150d 时，B 组的抗蚀系数 K 达到 0.80，到达侵蚀破坏临界值，而 C 组的 K 值为 0.85，比 B 组高 6.3%。D 组 30d 后 K 值变化趋势比较平缓，150d 的抗蚀系数为 0.95，是 A 组的 1.46 倍，显然具备了较优异的抗硫酸盐腐蚀性能。

表 3.15 各组试件抗硫酸盐腐蚀结果

试验周期/d		0	30	60	90	120	150
抗压强度/MPa	A	63.6	72.13	60.4	52.5	46.3	41.2
	B	63.3	69.6	61.6	57.6	53.2	50.7
	C	61.7	67.4	60.3	56.7	54.3	52.59
	D	62.5	66.2	64.8	62.1	60.3	59.2

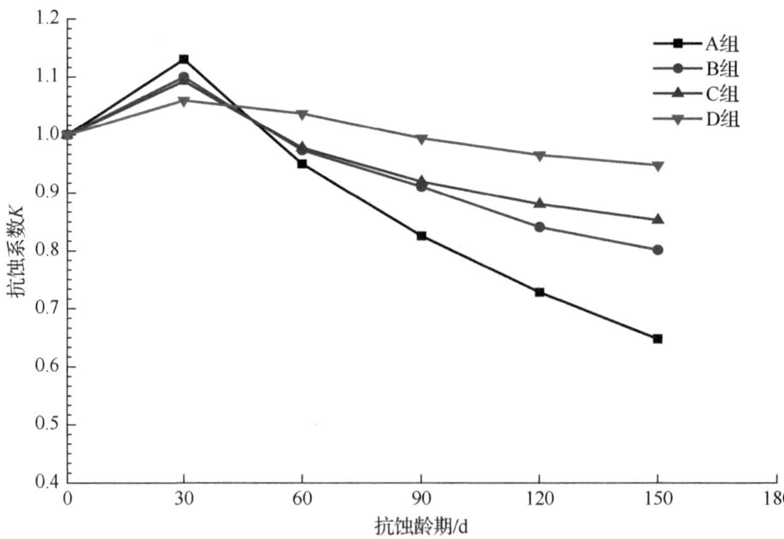

图 3.34 抗硫酸盐腐蚀曲线

抗压强度之所以先升高后降低是因为混凝土被硫酸盐侵蚀初期，在水的作用下水泥继续水化，水化产物和硫酸盐发生反应，生成石膏和钙矾石，而这两种产物填充了混凝土的孔隙使得混凝土的致密性增加，因此抗压强度随之增加，30d 达到峰值；随着硫酸盐侵蚀龄期的增加，生成钙矾石的体积也不断增大，当孔隙被钙矾石晶体填满之后，随之产生裂缝，混凝土的密实度降低，渗透性增大，加速了硫酸盐的侵入，导致硫酸盐和 $Ca(OH)_2$ 反应速率加快，混凝土内部的裂缝增多，抗压强度下降。另外，随着裂缝的增多导致 SO_4^{2-}的扩散速度及混凝土内部盐类的析出速度加快，混凝土的抗硫酸盐腐蚀能力进一步降低。试验初期，B、C两组由于超疏水材料的作用，阻碍了大部分 SO_4^{2-}侵入混凝土内部，因此强度增加比 A 组偏低，而 D 组在 IHM 和 SCM 的共同作用下，SO_4^{2-}几乎无法侵入混凝土内部，仅靠混凝土试件自身内部的水化使得抗压强度稍有增加，但增加幅度不明显；30d 之后，A 组试件在硫酸盐的侵蚀作用下，K 值急剧下降。B 组由于 SCM 的涂覆、C 组由于 IHM 的内掺，硫酸盐的侵蚀速度相当，因此前 90d 的图像几乎重合（图 3.34），90d 后，B 组的 SCM 涂层逐渐被硫酸盐侵蚀，SO_4^{2-}扩散到混凝土内部，而 C 组因 IHM 的作用，使 SO_4^{2-}的侵入比 B 组困难，因此 B 组 90d 后 K 值下降速率大于 C 组。D 组由于 SCM 与 IHM 的共同作用，只有少部分硫酸盐侵入混凝土内部，其抗蚀系数 K 值略有下降，比 A 组提高 46%。

因此，将超疏水材料外涂和内掺相结合作用于混凝土可显著提高混凝土的抗硫酸盐侵蚀性能，不仅提高了混凝土路面的长期性与耐久性能，同时也节约了人工费及维修费，达到公路使用舒适性、经济性、耐久性的要求。

3.5.3　抗冻性能试验

1. 冻融破坏对路用混凝土的影响

在冬季寒冷环境中，混凝土路面、桥梁、护岸等结构物都会因为冻融循环发生破坏，造成结构的服役寿命减短，引发安全性问题，由此需要付出巨大的代价进行维护和重建。因此，提高混凝土结构的抗冻融能力，可以改善其耐久性，延长服役寿命。

造成混凝土冻融破坏的原因不仅与本身材料的性质有关，而且还依赖于材料复杂的微观结构与特殊的环境条件。常见的混凝土冻融破坏形式有开裂和剥落，主要是由单位质量的水和冰体积相差 9%，水泥基浆体在冻融循环作用下膨胀、收缩导致。特别是在潮湿的环境中，在冻融循环的作用下很容易发生分层剥落现象。另外，由于混凝土中粗骨料的存在，产生的裂缝通常位于接缝或者边缘处，最终形成一个类似大写字母 D 的形状，且裂缝围绕着板的四个角弯曲，最终导致混凝土路面的断板、错台等病害的发生。

2. 试验方法

本节试验参考《普通混凝土长期性能和耐久性能试验方法标准》（GB/T 50082—2009）[55]，在冰柜中采用慢冻法进行试验，试验采用 100mm×100mm×100mm 立方体试件，具体试验步骤如下。

将制备好的试件在标准养护室养护 24d 后取出，放入 25℃±2℃的水中浸泡 4d

后取出。用抹布将取出的试件表面水擦干并进行外观检测与测量，之后编号、称量并放入冰柜，试件底部与冰箱的接触面积不得超过试件底面积的 1/5，试件与冰柜内部保持 20mm 以上的空隙，试件之间保持 30mm 以上的空隙。

冷冻时间从冰柜温度降至-18℃时开始计算，冰柜的温度保持在-18～-20℃，冻融循环过程中，每次冷冻时间不得低于 4h，试验过程如图 3.35 所示。

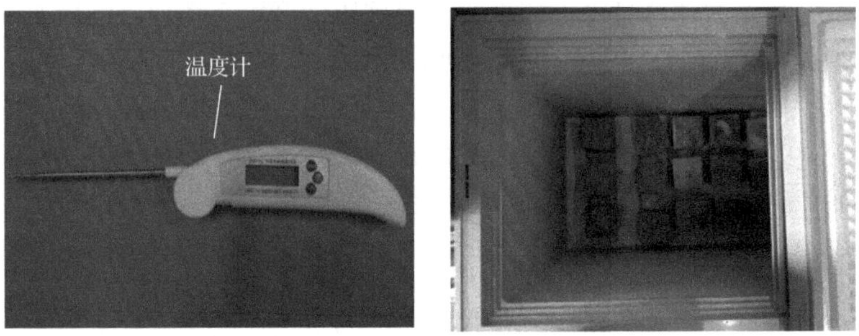

图 3.35　冻融试验仪器及过程

冷冻结束后，立即将试件放入温度为 25℃±2℃的水中，使试件转为融化状态，水面高出试件上表面 20mm，融化完毕视为该次冻融循环结束，进入下次循环。

每 25 次循环后对试件进行外观检测，用抹布擦干试件表面水分后，进行称量和抗压强度试验，分别记录冻融 25 次、50 次、100 次、125 次、150 次的试件质量及抗压强度值。质量损失率及抗压强度损失率计算见式（3.9）和式（3.10）。

$$\Delta W = \frac{W_0 - W_i}{W_0} \times 100 \tag{3.9}$$

式中：ΔW ——质量损失率，%；

W_0——初始试件的质量；

W_i——经过 i 次冻融循环后试件的质量。

$$\Delta f_c = \frac{f_{c0} - f_{ci}}{f_{c0}} \times 100 \tag{3.10}$$

式中：Δf_c——强度损失百分率，%；

f_{c0}——试件 28d 的抗压强度；

f_{ci}——经过 i 次循环后试件的抗压强度。

3. 试验结果与分析

从图 3.36 中可以得出，随着冻融循环次数的增加，试件质量损失百分率的变化趋势分两个阶段：第一阶段，冻融循环达到 50 次之前，ΔW 负增长，意味着试件的质量在逐渐增加（表 3.16）；第二阶段，在 50 次冻融循环后，ΔW 开始呈现正增长，冻融循环达到 60 次左右时，试件质量开始下降。分析其原因：在冻融循环初期，试件内部的微结构孔隙扩展变宽，导致试件在吸水饱和的状态下含水率增加，因此试件的质量有所增加；随着冻融次数的增加，特别是在中后期，由于冻融损伤的累积，试件表面的损伤更加严重，出现裂缝、疏松、掉渣甚至表面剥落现象，造成试件的质量下降，当循环次数达到 125 次时，质量损失更加明显。冻融循环达到 50 次，A 组试件的质量增长率为 0.21%，B、C 两组相差不大，约为 0.13%，而 D 组最低，为 0.09%。冻融循环达到 60 次后，A 组质量损失速率增长最快，当循环达到 150 次时，质量损失百分率为 1.36%，B、C 两组在 60 次循环之前，质量损失率保持相当，60 次循环之后 B 组的质量损失率已经超过 C 组，循环达到 150 次时，B、C 两组的质量损失率分别达到 0.87%、0.66%，而 D 组的增长速率较缓慢，循环达到 150 次时，质量损失百分率为 0.45%，仅为 A 组的 33%。分析其原因是 A 组为普通混凝土，相比于 B、C、D 三组吸水率较高，在冻融循环的作用下受其影响较大，质量损失率增长较快，而 B、C 两组由于超疏水材料的作用，整个冻融循环中质量损失百分率低于普通混凝土的，之所以出现 60 次循环前两者增长速率相当，60 次之后 B 组的质量损失百分率超过 C 组的，是由于初期 B 组 SCM 的作用、C 组 IHM 的作用使得两组试件具备了疏水效果，水分难以浸入，两组质量损失相当，但是到中后期，在冻融破坏的作用下水分穿过 B 组 SCM 涂层进入混凝土试件内部，加剧了冻融破坏的进程。D 组由于内掺 IHM 和外涂 SCM 相结合，使得水分进入混凝土试件较困难，使冻融循环对其影响较小，质量损失百分率相比于 A、B、C 三组最低。

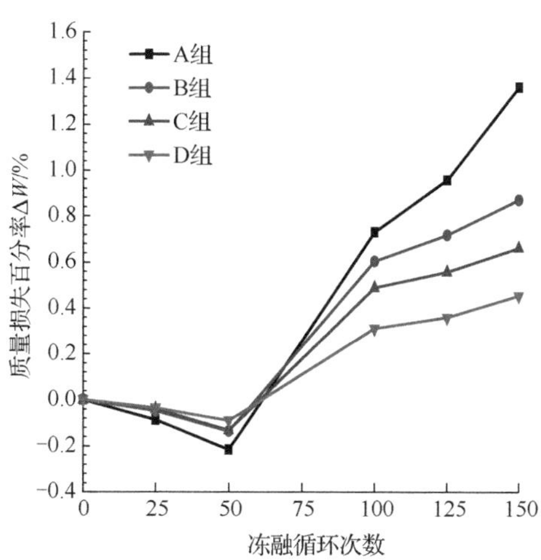

图 3.36　质量损失百分率与冻融循环次数的关系

表 3.16　不同循环次数后的试件质量　（单位：g）

组别	试件质量					
	0 次	25 次	50 次	100 次	125 次	150 次
A	2 550.1	2 552.3	2 555.6	2 531.5	2 525.7	2 515.4
B	2 485.3	2 486.5	2 488.7	2 470.3	2 467.5	2 463.7
C	2 497.8	2 498.8	2 501.1	2 485.6	2 483.9	2 480.9
D	2 533.7	2 534.6	2 536.0	2 525.8	2 524.6	2 522.2

结合表 3.17 和图 3.37 可以得出，冻融循环对混凝土试件的抗压强度影响较大，随着冻融循环次数的增加，试件的抗压强度逐渐下降，抗压强度损失率升高较明显。A 组试件在整个冻融循环过程中的质量损失百分率增长最快，B、C 两组在前 50 次的冻融循环其强度损失率相当，50 次之后 B 组超过 A 组，D 组的强度损失率增长最慢。25 次冻融循环时，A 组试件的抗压强度损失率仅达到 3.45%，而 B、C、D 三组都在 1.87%以下，表明此时混凝土表面开始出现不同程度的微小损伤，内部裂隙已经开始发育。当冻融循环达到 50 次后，四组 Δf_c 的斜率变大且 B 组的 Δf_c 值已经开始超过 C 组，表明试件内部在冻融循环的作用下开始加速破坏，而 B、C 两组前期由于疏水材料的作用其抗冻融性能相当，50 次后 B 组涂层受到破坏水分快速进入试件内部导致其抗压强度下降速率大于 C 组。100 次冻融循环时 A 组试件的强度损失率已经达到 14.29%，B、C、D 三组的强度损失率分别达到 8.74%、7.13%、4.01%，抗压强度下降明显加快，表明试件内部损伤较严重，结构变得愈加疏松。当冻融循环达到 150 次时，A 组的强度损失率已达到 25%，达到冻融循环的破坏标准。D 组的强度损失率只有 9.15%，仅为 A 组的 36%[56]。

表 3.17　不同循环次数后的试件抗压强度　（单位：MPa）

组别	抗压强度					
	0 次	25 次	50 次	100 次	125 次	150 次
A	63.7	61.5	59.6	54.6	51.2	47.8
B	64.1	62.9	61.8	58.5	56.8	54.5
C	61.6	60.6	59.6	57.2	55.8	54.2
D	62.3	61.8	61.3	59.8	58.3	56.6

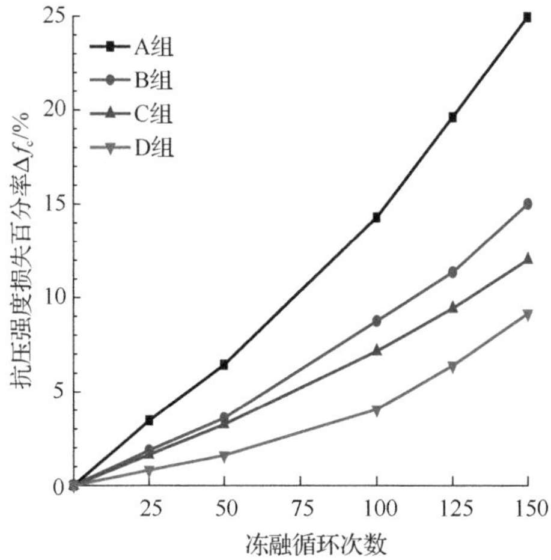

图 3.37　抗压强度损失百分率与冻融循环次数的关系

因此，在冻融循环的作用下，通过外涂 SCM 和内掺 IHM 的混凝土试件的质量损失百分率和抗压强度损失百分率都显著低于普通混凝土的，表明通过疏水材料对普通混凝土优化可明显改善混凝土的抗冻融性能。

3.6　超疏水水泥混凝土面层现场试验研究

3.6.1　试验段简况

1. 地理环境

永顺至吉首高速公路（又称为永吉高速）作为连接湖南省西北部区域重要省际通道，是湖南省高速公路网规划“七纵九横”中第七纵重要组成部分。路线起点位于永顺县泽家镇海洛村，张花高速、永龙高速与其在此交汇，终点设于吉首市曙光村东南侧，与吉茶高速公路相接。沿途经过芙蓉镇、罗依溪、古丈、吉首市等重要城镇，是湖南省西北部区域通往湖北省的重要省际通道，也是湖南省并入西部开发范畴的高速公路，是促进民族发展的一条团结纽带，也是打造湘西黄金旅游走廊的重要基础设施。

2. 气候特点

永吉高速沿线区域内属中亚热带季风湿润气候，具有明显的大陆性气候特征。夏半年受夏季风控制，降水充沛，气候温暖湿润；冬半年受冬季风控制，降水减少，气候较寒冷。以起始点为例，在过去的 60 年里，该区域的累计各月极端低温曲线如图 3.38 所示。

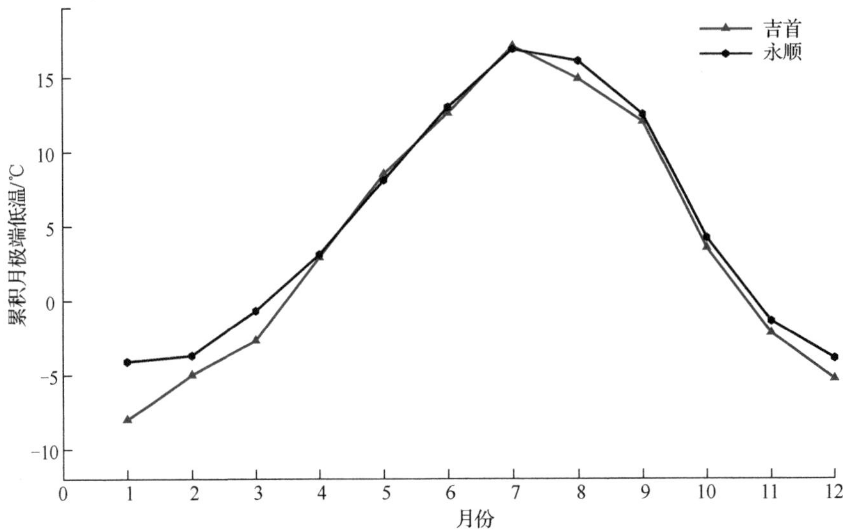

图 3.38　永吉高速路段累计各月极端低温曲线

从图 3.38 中可以看出，永吉高速沿线最寒冷时间是每年的 1 月。为深入分析该区域冬季气候背景，查阅了当地的气象资料，将 2011～2016 年 1 月详细的数据整理到表 3.18 和表 3.19 中。

表 3.18　2011～2016 年永顺 1 月的天气情况统计数据

年份	月最低气温/℃	月平均最低气温/℃	晴天数（昼/夜）/d	多云、阴天数（昼/夜）/d	雨天数（昼/夜）/d	雪天数（昼/夜）/d
2011	-3	0	2 / 2	24 / 21	2 / 3	3 / 5
2012	-2	1	1 / 0	21 / 22	6 / 6	3 / 3
2013	-2	2	4 / 4	20 / 19	6 / 6	1 / 2
2014	-1	3	10 / 9	17 / 16	4 / 5	0 / 1
2015	0	4	3 / 2	20 / 18	6 / 7	2 / 4
2016	-3	2	1 / 1	16 / 17	8 / 8	6 / 5

表 3.19　2011～2016 年吉首 1 月的天气情况统计数据

年份	月最低气温/℃	月平均最低气温/℃	晴天数（昼/夜）/d	多云、阴天数（昼/夜）/d	雨天数（昼/夜）/d	雪天数（昼/夜）/d
2011	-3	0	2 / 2	23 / 20	3 / 4	3 / 5
2012	-3	2	1 / 0	21 / 22	6 / 6	3 / 3

续表

年份	月最低气温/℃	月平均最低气温/℃	晴天数（昼/夜）/d	多云、阴天数（昼/夜）/d	雨天数（昼/夜）/d	雪天数（昼/夜）/d
2013	−2	2	4 / 4	19 / 17	7 / 7	1 / 3
2014	−1	3	10 / 9	15 / 16	6 / 6	0 / 0
2015	−1	4	3 / 2	19 / 20	7 / 6	2 / 3
2016	−2	2	1 / 1	14 / 17	11 / 10	5 / 3

结合表 3.18 和表 3.19 可知，永顺与吉首在 2011～2016 年里，1 月的月最低气温都在 0℃以下，并且月平均气温不超过 4℃。另外，从晴雨情况可以看出，白天阴、雨、雪天气都在当月的 2/3 以上，夜晚情况则更加糟糕。总结前面内容，永顺与吉首两地的冬季气候类型属于低温潮湿型。又因为湘西地处云贵高原与鄂西山地结合部，武陵山脉由北东向南西斜贯全境，受其影响，永吉高速路段气候特性应归结为山地低温潮湿型。

另外，受热岛效应与植被蒸腾作用影响，山区的气温会明显低于同一地域的城镇地区，并且这个温差在夜间会被拉得更大；植被的蒸腾与呼吸也会使山区的湿度大幅上升，根据地理国情监测云平台 2005 年网上发布的全国湿润指数数据，在湘西州空气湿度已经接近 100%，那么在永吉高速山区夜间的湿度势必会超过 100%甚至更高。

虽然永吉高速公路建设项目拟采用的主要是沥青混凝土路面结构形式，但是在一些采用水泥混凝土路面形式的关键位置如桥梁、隧道以及匝道等，冬季低温潮湿情况下所面临的路面积雪、结冰问题更为严峻。考虑到该线路属于海拔特殊、地形复杂的旅游风景走廊，对生态环保的要求较高，常规的撒融冰盐及其他施工工艺复杂、效能低下的处治技术均不能满足项目需求。因此，具备优异的防冰、疏冰性能且施工简单方便、作用明显的超疏水水泥混凝土路面除冰雪技术正是该项目建设人员所需要的处治方案。

本试验以永顺至吉首高速公路（永吉高速）工程项目为依托，开展湘西地区低温潮湿路面防冻抗滑关键材料设计及施工技术研究，由于永吉高速全线为沥青混凝土路面，而本试验所研究的内容为混凝土路面的防冻抗滑性能，因此，在室内试验、初试试验的基础上，按照 3.2 节中的四种配比在项目部实验室旁修建了 30m×4.5m 的超疏水混凝土路面作为终试研究试验段。具体流程如下。

（1）选择合适的位置，按照规范要求去除表面浮土、腐殖土后进行夯实，直至压实度满足要求。

（2）模板安装，使用木模板，有足够的强度且内侧、顶面、底面平滑顺直，局部变形不大于 3mm，本试验段不放置钢筋。

（3）按照 3.2 节中的配合比进行混凝土的制拌，搅拌时采用多次少量的方法进行，确保 IHM 与混凝土拌和均匀。

（4）将拌制好的混凝土进行浇筑、摊铺，边摊铺边振捣，振捣时应先用插入式振动器的模板（或混凝土板壁）边缘、角隅处初振或全面积顺序初振一次。同一位置振动时不宜少于 20s，插入式振动器移动间距不宜大于其作用半径的 1.5 倍，振捣时应避免碰撞模板和钢筋。然后，再用平板振动器全面振捣，板与板间宜重叠 10～20cm，同一位置的振捣时间不少于 15s，不再冒出气泡方可停止，浇筑过程如图 3.39 所示。

图 3.39　试验段混凝土浇筑过程

（5）超疏水水泥混凝土路面浇筑振捣完毕后随即抹面，并使用 3m 直尺检查路面平整度，随后进行拉毛、压槽，深度为 1～2mm。

（6）抗滑构造完毕后立即采用保湿膜覆盖养护。

（7）养护至 28d 后，将路面清理干净，按照 3.3 节中的组别在干燥状态下使用喷雾器喷洒 SCM，喷洒过程中保证疏水材料喷洒均匀，喷洒完毕后使用塑料薄膜覆盖养护 24h。

3.6.2　超疏水水泥混凝土路面现场应用测试

1. 水泥混凝土路面超疏水材料的耐磨性能测试

超疏水水泥混凝土路面耐磨性能的好坏直接关系着冬季路面的除冰效果，而通过测量水滴与路面的接触角大小也可间接反映“冰-路”附着力，国外学者利用21种疏水材料对钢材表面进行疏水处理，通过钢材表面冰的附着强度与接触角之间的关系，分析拟合得到“冰-钢材”的附着力与接触角之间的关系：

$$W_e = \gamma_{lv}(1+\cos\theta) \tag{3.11}$$

式中：W_e——冰与表面的附着力，N/m；

γ_{lv}——液气界面的表面张力，N/m；

θ——液体与基体表面的接触角，（°）。

通过式（3.11）可得，接触角θ越大，冰与界面的附着力越小，两者之间呈负相关性，因此本节通过测量磨耗后试件表面的接触角间接反映“冰-路”附着力。

（1）接触角测量。采用德国 KRUSS-DSA100 光学接触角测量仪（图 3.40），并用新型的单色冷光照明系统消除所有杂散光的干扰具有极低的热辐射，使液滴边缘分辨更清晰，同时采用座滴法测量接触角大小，接触角测量范围 0°～180°，分辨率+/- 0.1°，最大样品体积（$L\times W\times H$）300mm×∞×150mm。本试验采用钻芯法取样，将试件进行测量，具体步骤如下。

① 选取 A、B、C、D 四组表面平整的混凝土试件，每组三个。

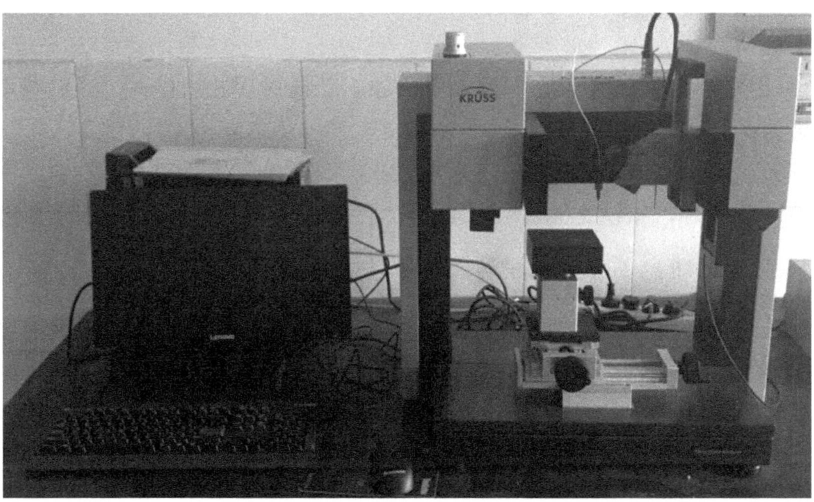

图 3.40　接触角测量仪

② 打开计算机及接触角测量软件，安装针头调节仪器，设置液体滴落体积为3μL并试滴。

③ 使用仪器对试件的接触角进行测量，记录数据并保存图片，操作时应保持针头和试件表面有一定的距离，防止撞针。

（2）耐磨性能测试方法。耐磨性能的优劣是影响超疏水水泥混凝土路面疏水、防冰耐久性的重要指标，本试验分别以磨耗厚度和磨耗次数为依据，测量超疏水水泥混凝土路面经受磨耗后的疏水角度。

方案一：

使用砂轮分别将试件表面磨掉1mm、2mm、3mm、5mm后测量表面接触角，评价试件的耐磨性能。具体步骤如下。

① 取标准养护下的A、B、C、D四组试件，将其表面的浮灰清理干净。

② 在试件的4个侧面用直尺从试件上表面向下分别量出1mm、2mm、3mm、5mm的点，使用自动铅笔将同一高度的这些点连接。

③ 打磨之前测量试件表面的接触角大小，记录数据并保存图片。

④ 按照之前画好的刻度线使用砂轮分别打磨掉1mm、2mm、3mm、5mm，打磨到要求刻度位置时将其表面清理干净测量表面接触角大小，记录数据并保存图片；打磨时应慢速均匀地进行，打磨到刻度线时应立刻停止，严禁欠打磨或过打磨，减小误差。

⑤ 根据测量的接触角大小评价试件的耐磨性能。

方案二：

① 取超疏水水泥混凝土立方体试件（尺寸：100mm×100mm×100mm），利用数码相机拍取其超疏水涂层处理过表面的微观形貌，记为图a，通过量高法测定其初始接触角，记为θ_0。

② 采用橡胶块在试件表面来回摩擦n次，摩擦后用相机拍照，随后测定其接触角，记为θ_i。

③ 选取5次、10次、20次、50次、100次、200次、500次和1 000次所拍摄的表面形貌图片，依次记为c、d、e、f、g、h、i和j，并记录测得的接触角θ_i。

2. 水泥混凝土路面超疏水材料的抗滑性能测试

水泥混凝土路面的抗滑性能关系着道路的行车安全，公路交通常见的事故如侧翻、打滑、刹车失灵等均与路面摩擦力不足有关。又因超疏水水泥混凝土路面需要在水泥路面上涂刷一层涂层结构，而涂层材料势必会破坏水泥混凝土路面的原始纹理结构，导致摩擦系数的下降。鉴于此，开展对超疏水水泥混凝土路面的抗滑性能研究是非常有必要的。参考《公路水泥混凝土路面设计规范》（JTG D40—2011）等相关标准，使用了摆式摩擦系数测定仪及构造深度（texture depth，TD）

测定设备（图 3.41 和图 3.42），测定普通水泥混凝土路面和超疏水水泥混凝土路面的表面摩擦系数及构造深度。

图 3.41　摆式摩擦系数测定仪

图 3.42　构造深度测定设备

3.6.3　试验结果与分析

1. 耐磨性能

方案一：

由从表 3.20 可知，A 组无论在磨损还是未磨损状态下其接触角始终为 0°，其接触角示意图见图 3.43A 组，由于普通混凝土具有亲水性，水滴滴落后瞬间渗入混凝土内部，在图中无法看到水滴；B 组未磨损前其接触角为 157.6°，已经达到超疏水状态，当磨损 1mm 后，接触角下降到 91.3°，当磨损 2mm 后，接触角变为 0°，这是因为未磨损之前试件表面具有较完整的微纳米粗糙结构且 SCM 渗透的浓度较大，随着磨损厚度的增加微纳米粗糙结构表面被破坏，本试验中纳米二氧化硅颗粒凝胶分散后的粒径为 15～30nm，而水泥石中孔隙的分类为：大毛细孔 50～10 000nm，中毛细孔 10～50nm，微毛细孔 2.5～10nm，凝胶孔 0～2.5nm，又因为纳米颗粒之间形成网络结构，从而减少了其进入中毛细孔和大毛细孔的数量，另外，随着厚度的增加 SCM 的渗透浓度逐渐降低，因此接触角急剧下降，同时也反映出对于涂覆 SCM 的超疏水水泥混凝土，SCM 的渗透深度 1mm$<h<$2mm；对于 C 组而言，未磨损及磨损 1～5mm 的接触角变化不大，其平均值约为 92.8°，表明整体混凝土已经达到疏水状态，这是因为混凝土试件制备时因 IHM 的均匀内掺，使得混凝土从亲水性变为疏水性整体达到疏水状态；从 D 组的图像可以看出，表面未磨损时其接触角达到 168.2°，磨损达到 1mm 时，接触角下降到 102.6°，在磨损达到 1mm 之前，D 组的接触角高于 B 组，表明在 SCM 和 IHM 的共同作用下，其疏水效果要优于单独涂覆 SCM，达到 2mm 时接触角已经下降到 92.1°，与 C 组相当，表明 SCM 涂层已经无疏水效果，其所以还能达到 92.1° 的疏水效果，是因内掺 IHM 引起的。因此，外涂 SCM 与内掺 IHM 相结合可显著提高混凝土的防冰及耐久性能，达到“1+1>2”的效果，即使当外部涂层被磨损之后，由于 IHM 的作用路面依旧能达到疏水效果，降低了除冰难度，延长了路面的服役期限。

表 3.20　磨掉不同厚度后的接触角　　［单位：（°）］

组别	磨耗厚度				
	0mm	1mm	2mm	3mm	5mm
A	0	0	0	0	0
B	157.6	91.3	0	0	0
C	100.8	95.6	92.1	91.8	91.5
D	168.2	102.6	92.3	91.7	93.1

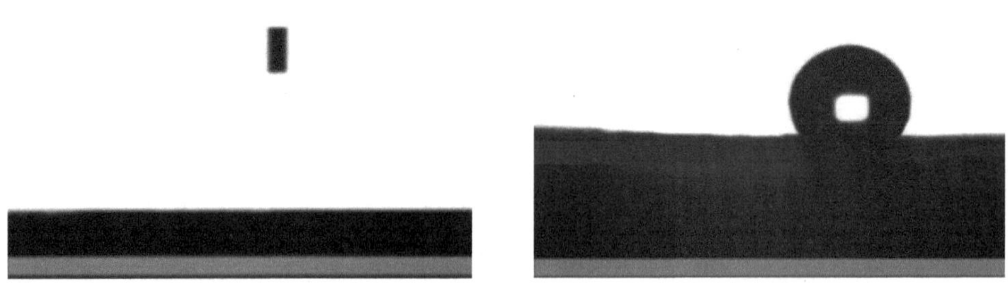

A组（CA=0°）　　B组（CA=157.6°）

图 3.43　各组试件未磨损时的接触角

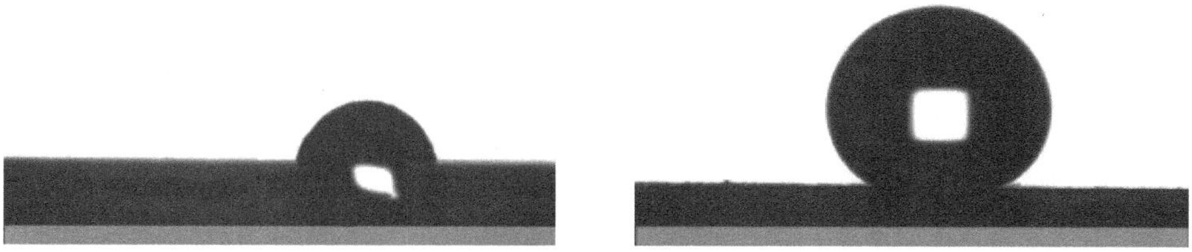

C组（CA=100.8°）　　　　D组（CA=168.2°）

图 3.43（续）

方案二：

试验结果与分析：试验发现当摩擦次数达到 500 次［图 3.44（a）～（f））时，超疏水水泥混凝土表面涂层肉眼可见部分几乎完全磨损，也表明这种超疏水涂层从使用性质上说属于牺牲类涂层；另外，从试验测得的接触角（表 3.21）可知，在摩擦 1 000 次后，超疏水水泥混凝土表面的接触角仍然在 90° 以上，这说明该混凝土试件依然具有疏水性，涂层材料某些成分已经渗透到水泥混凝土结构内部。最后，通过将接触角与摩擦次数的关系绘出分布散点如图 3.45 所示。从图 3.45 中可以看出，接触角的大小与摩擦次数的变化趋势和对数函数相近，这就意味着在 1 000 次以后，接触角基本趋于稳定，超疏水水泥混凝土路面防覆冰耐磨长期性良好。

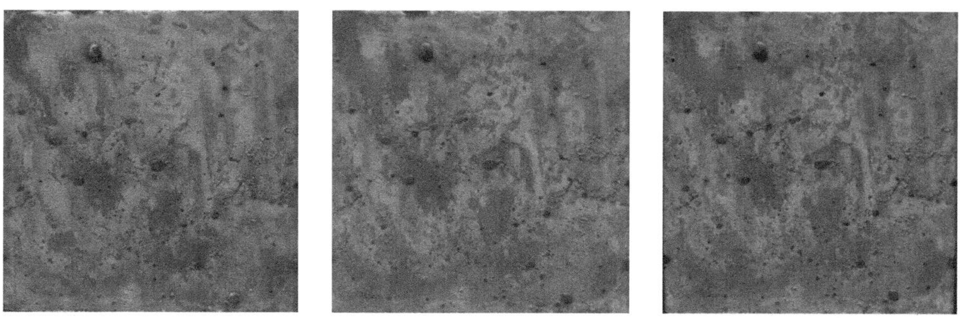

（a）　　　　（b）　　　　（c）

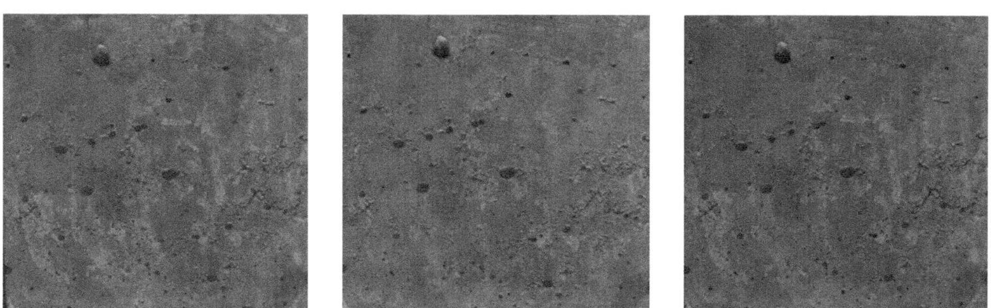

（d）　　　　（e）　　　　（f）

图 3.44　不同摩擦次数的超疏水混凝土表面形貌

（h）

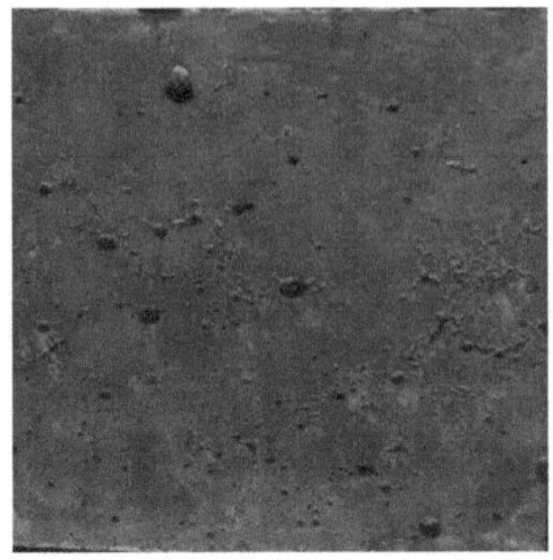

（i）

（j）

图 3.44（续）

表 3.21　接触角与摩擦次数的关系

磨擦次数	接触角/（°）	磨擦次数	接触角/（°）
5	137.6	100	103.4
10	126.8	200	98.3
20	117.7	500	95.5
50	109.8	1 000	92.7

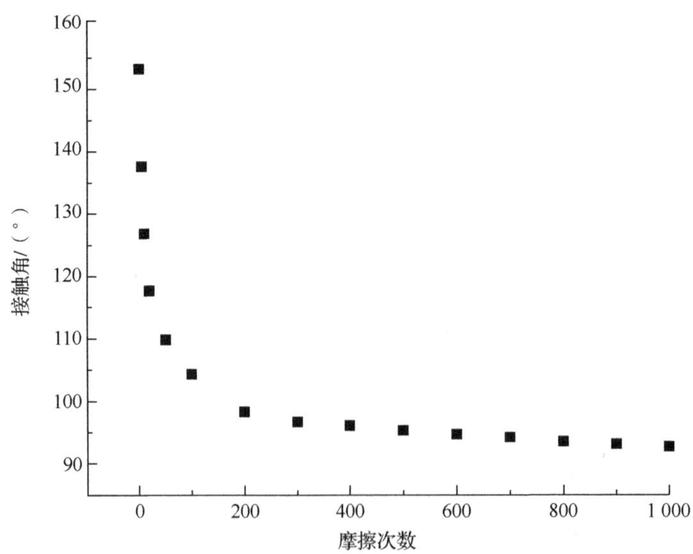

图 3.45　接触角与摩擦次数的关系分布散点图

2. 抗滑性能

从表3.22中可以看出，与普通水泥混凝土试件相比，超疏水水泥混凝土试件无论是摆值，即摆式仪的刻度值（british pendulum number，BPN）（简称摆值）还是构造深度都有一定的降低。分析其原因可能是涂层材料填充了水泥混凝土表面的凹凸不平的纹理构造，使得路面表面构造发生改变。就摆值而言，普通试件和超疏水试件平均值在56.8以上，参考沥青混凝土路面标准满足≥54的要求，基本符合要求；对于构造深度，由于本试验所有的试件是未经拉毛处理刻槽处理的水泥混凝土试件，其表面较光滑。根据《公路水泥混凝土设计规范》（JTG D40—2011），对于高等级水泥混凝土路面，其大小应符合0.70mm≤TD≤1.1mm，两个组试件均未达标。因此，建议在涂刷超疏水涂层前重视对水泥混凝土路面进行拉毛或刻槽等技术处理，以改善超疏水水泥混凝土路面的抗滑性能。

表3.22 摩擦性能测试结果

试件	摆值（BPN）						构造深度（TD）/mm					
	1组	2组	3组	4组	5组	平均	1组	2组	3组	4组	5组	平均
普通试件	62	60	68	64	64	63.6	0.52	0.54	0.54	0.58	0.57	0.55
超疏水试件	54	56	56	58	50	56.8	0.40	0.45	0.42	0.41	0.46	0.43

3.7 小 结

（1）超疏水水泥混凝土防覆冰作用的增效机理为：①混凝土中的超疏水材料与混凝土发生脱水缩合反应形成链状结构，并与水泥的水化产物形成连续网状构造，将混凝土包裹，提高混凝土抗拉强度和密实性；②水化产物与缩聚物之间产生交联反应，形成“键桥作用”优化混凝土内部的孔隙微结构；③超疏水材料中的硅烷酯类物质发生系列反应，从而形成复杂的网状结构，末端含有大量非极性物质，与水中的氢原子相互排斥，使得混凝土具有优异的疏水性能。

（2）超疏水对水泥混凝土的力学强度影响结果为：①SCM的涂覆不会影响混凝土的抗压强度；②IHM的掺入，前期抑制了混凝土抗压强度的增长，后期强度增长较快，其28d时的强度略低于普通混凝土，但不会影响其在实际工程中的应用；③SCM的涂覆和IHM的掺入会使混凝土抗折强度略低于普通混凝土，但是依然不会影响其在实际工程中的应用。

（3）超疏水对水泥混凝土防覆冰作用具体效果表现为：①在外涂SCM和内

掺 IHM 的双重作用下，超疏水水泥混凝土的疏水效果增强。②外涂 SCM 对减少结冰量起主要的作用，而内掺 IHM 也起到一定的减冰效果。③外涂 SCM 和内掺 IHM 能有效延缓冰的成核结晶时间，但并不能延缓冰的强度成长，反而有一定的促进作用。④超疏水水泥混凝土路面对凝霜具有一定的抑制作用，且降水结冰和冻雨结冰对超疏水水泥混凝土的附着力远小于普通混凝土。⑤水泥水化时 IHM 和水化产物反应生成的硅烷类聚合物会阻塞毛细管道，并形成憎水层降低毛细管的吸附作用，由此改善了混凝土的孔隙率及吸水率，延长服役期限；外涂 SCM 脱水缩合后生成的网状硅烷类聚合物与改性后的纳米二氧化硅及其团聚物共同形成微纳米粗糙结构，使其表面呈现出较优的疏水性能。外涂 SCM 和内掺 IHM 相结合，可抑制水分的侵入，吸水率最低，同时可显著提高混凝土的抗硫酸盐侵蚀性能和抗冻融性能。

第四章　超疏水沥青路面结构、材料与性能

4.1　超疏水沥青路面抗凝冰功能层设计

超疏水沥青路面抗凝冰功能层材料自上而下依次由抗凝冰功能层、联结层及沥青面层结构组成。抗凝冰功能层由疏水性材料及纳米粉体材料构成，将去离子水溶液作为分散介质，纳米粉体材料作为改性剂，厚度为0.2cm，主要起到疏水减冰的作用。联结层主要成分是环氧黏结层。采用组分A与组分B，组分A的主要成分为环氧树脂，组分B的主要成分为固化剂和间二苯胺，厚度为0.5cm，主要起到均匀分布疏水材料以及联结抗凝冰功能层及沥青面层结构的作用。沥青面层结构使用构造深度较大的粗糙型沥青混凝土路面，有利于疏水材料的渗透，厚度为30～35cm，作为整个材料体系的基本部分。超疏水沥青路面抗凝冰功能层材料的制备采用分层施工，在主体混凝土层上浇筑一层环氧固化剂后，再在其表面涂覆上一层抗凝冰功能层，从而使沥青路面获得较好的抗凝冰性能。超疏水沥青路面抗凝冰功能层材料结构简图与微观原理图，如图4.1和图4.2所示[57]。

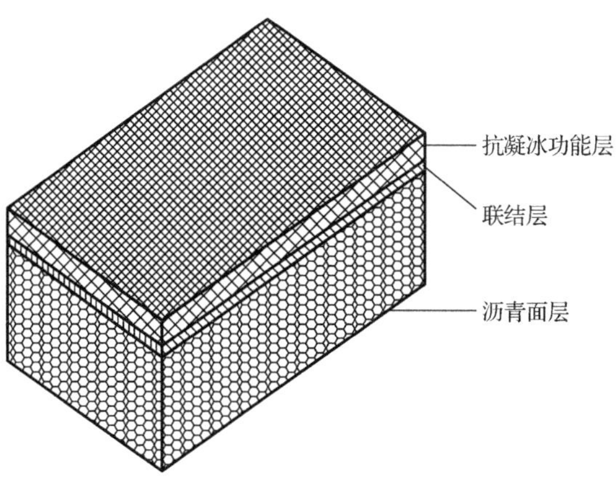

图4.1　超疏水抗凝冰功能层结构简图

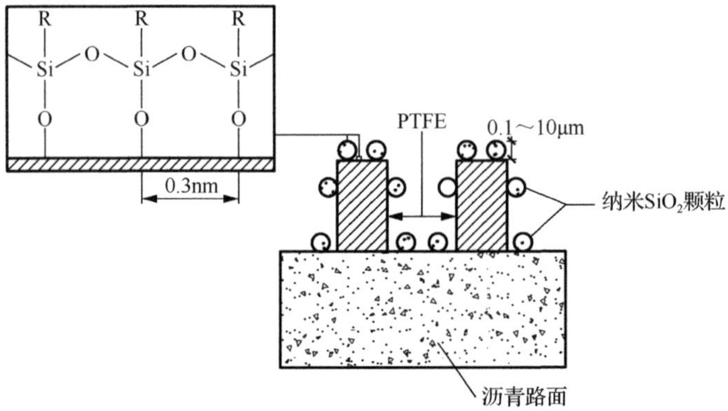

图 4.2　微-纳米二级结构简图

4.2　超疏水沥青路面抗凝冰功能层整体制备

依据《公路沥青路面设计规范》(JTG D50—2017)[58]、《公路工程沥青及沥青混合料试验规程》(JTG E20—2011)[59]、《公路沥青路面施工技术规范》(JTG F40—2004)[60]，并结合相关原材料，制备沥青混合料马歇尔试件及车辙板，分别作为不同的基层材料，通过车辙试验评价其高温稳定性。

本试验依据相关标准，将所选取的沥青混合料制备成 300mm×300mm×60mm 的车辙板试件（普通组、超疏水组均分别含有 5 个试件），保持恒定的轮迹。在 70℃下，以标准压强对车辙板进行多次碾压，得到此试验条件下的车辙大小。最后用动稳定度大小对该沥青混合料的高温稳定性能进行评价，按式（4.1）计算动稳定度（dynamic stiffness，DS）。

$$DS=\frac{(t_2-t_1)N}{d_2-d_1}C_1C_2 \tag{4.1}$$

式中：d_1——t_1时刻试件的变形量；

d_2——t_2时刻试件的变形量；

C_1——试验用的机器类型变化系数；

C_2——车辙板试件系数；

N——试验轮的行进速度。

动稳定度测试结果如表 4.1 所示。

表 4.1　动稳定度测试结果

试件	测试结果					平均值
	1	2	3	4	5	
普通试件	8 421	8 322	8 369	8 127	8 264	8 301
超疏水试件	8 169	8 310	8 266	8 374	8 193	8 262

注：普通沥青混凝土的设备系数为 0.98，超疏水沥青试件的设备系数为 0.69。

试验结果表明，在涂覆了超疏水抗凝冰材料之后，试件的动稳定度并未发生较大变化，说明超疏水抗凝冰材料的掺入对普通沥青混凝土的动稳定度影响较小，仍具有较好的高温稳定性能。

常见的超疏水功能层的处理方法有喷涂法、浸渍法、涂覆法和复合处理法。喷涂法是在清理沥青路表之后，利用喷涂工具进行多次喷涂，通过控制喷涂速率及喷涂量，使基面具有超疏水特性；浸渍法是指将试件放置在超疏水乳液中浸泡后，通过乳液的渗透作用，使基面及其内部一定深度具有超疏水特性，但浸渍深度有限；涂覆法是利用涂覆工具蘸取超疏水乳液，然后将其均匀地涂刷在基面，但此种方法很难保证超疏水乳液在基面上分布的均匀性；复合处理法则将喷涂法和涂覆法相结合，即先喷涂后涂覆，使得基面上的超疏水乳液满足均匀性，同时纳米 SiO_2 也满足相应要求，使基面的超疏水性能显著提高。综上所述，本节采用复合法对超疏水抗凝冰功能层进行处理。

依据乳液成膜的基本原理，超疏水乳液中的聚合物以环绕的形式位于乳液微粒之间。通过硅烷偶联剂将 SiO_2 颗粒进行改性处理，并通过磁力高速搅拌得到附着性能较好的超疏水乳液。将超疏水乳液涂覆在沥青路表之后，PTFE 颗粒与沥青路面颗粒相互结合，形成分子量较大的网状结构。与此同时，经过改性后的纳米 SiO_2 颗粒将 PTFE 颗粒与沥青路面颗粒包裹，形成微-纳米二级结构，最终提升沥青路面抗凝冰性能。超疏水材料制备流程如图 4.3 所示。

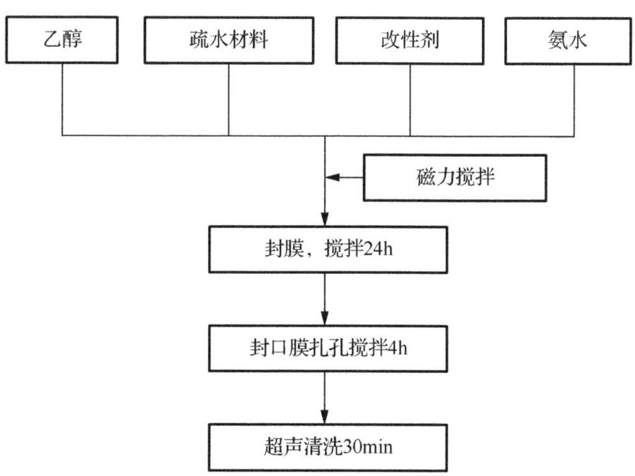

图 4.3　超疏水材料制备流程图

4.3　超疏水沥青路面防覆冰性能与评价

4.3.1　疏水性能测试

抗凝冰功能层的超疏水性能决定了路面防结冰性能的优异程度。疏水性能越好，“冰-路”附着力就越低，路面抗凝冰性能也就越高。判断疏水性能好坏的标准是接触角的大小。通常情况下，接触角越大，表面疏水性能就越好，抗凝冰性能也就越强。因此，通过接触角测定试验，判断抗凝冰功能层的疏水效果，进而评价其防冰性能。

1. 试验所用仪器及试件

（1）德国 KRUSS-DSA100 光学接触角测量仪及接触角测量图像，如图 4.4 和图 4.5 所示。

图 4.4　德国 KRUSS-DSA100 光学接触角测量仪

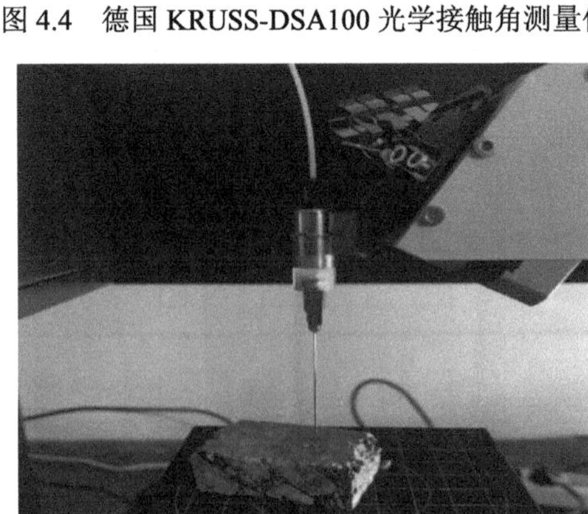

图 4.5　接触角测量图像

（2）测试液体：水、甘油、甲酰胺等。

（3）50mm×50mm×10mm 的沥青试件若干块。

2. 操作步骤

（1）测量准备。

① 打开接触角测量仪 DSA100、控制计算机，随后打开“Drop Shape Analysis”控制软件。

② 设定图像传播方式，检查摄像仪的呈现效果。

③ 旋转棱镜至 1°。

（2）定位针头。

① 将试件放置于样品台处，保证其平稳放置。

② 向下移动针头，使针头处于合适的位置。

③ 避免针头和样品直接接触，通过监视器直接观测针头与样品之间的距离。

（3）滴定液体。

① 在软件操作界面选择“滴定”，同时确定滴速与液滴的体积。

② 通过鼠标控制液滴滴定的速率，使液滴完整地滴在试件表面。

③ 调整图像的大小及清晰度。

（4）接触角测量。

① 确定固-液分界线。

② 选择接触角测量方法。

③ 显示测量结果。

（5）表面能计算。通过测量得到的接触角数值，计算得到固体表面能的值。

3. 试验结果及分析

通过图 4.6 可以看出，参考组（未经过超疏水处理）试件表面的水滴体积较大，铺展面积广，接触角较小；而试验组（即经过超疏水处理）试件表面的水滴绝大多数呈现出接近球状的外观形态，具有较大的接触角。通过图 4.7，可以得知超疏水试件表面的接触角高达 150.2°，而普通试件表面接触角为 86.2°。

（a）参考组　　（b）试验组

图 4.6　水滴在不同试验组上的外观形态

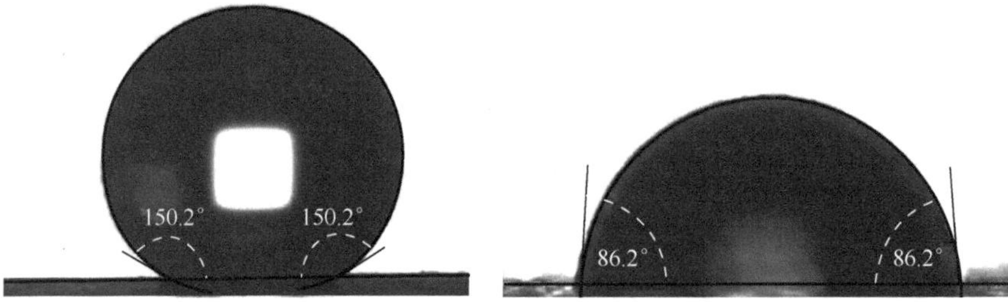

（a）超疏水试件　　（b）普通试件

图 4.7　接触角测量图像

路面的表面能大小决定了其疏水性能的强弱，进而改变其抗凝冰性能。当得到了接触角的测量数据之后，以杨氏方程及 Van Oss 理论为计算的理论基础，联立三个杨氏方程，可以得到有关表面能的计算公式：

$$\gamma_1(1+\cos\theta)=2(\gamma_s^{LW}\gamma_1^{LW})^{\frac{1}{2}}+2(\gamma_1^{A}\gamma_s^{B})^{\frac{1}{2}}+2(\gamma_s^{A}\gamma_1^{B})^{\frac{1}{2}} \tag{4.2}$$

式中：γ_s——即 γ_{sv}，固-气表面自由能，mJ/m^2；

γ_1——即 γ_{lv}，液-气表面张力，mN/m；

θ——液体在固体表面形成的接触角，（°）；

γ_s^{LW}——固体表面 LW 分量，mJ/m^2；

γ_s^{A}——固体表面酸分量；

γ_s^{B}——固体表面碱分量，mJ/m^2；

γ_1^{LW}——液体表面 LW 分量，mJ/m^2；

γ_1^{A}——液体表面酸分量，mJ/m^2；

γ_1^{B}——液体表面碱分量，mJ/m^2。

式（4.2）中液体的γ_l^{LW}、γ_l^{A}、γ_l^{B}可以从相关的化学手册中查到，而只有固体材料的γ_s^{LW}、γ_s^{A}、γ_s^{B}未知，因此只需要测量三种液体的接触角代入式（4.2）解一个二元方程组即可算出固体的表面能。

由于德国 KRUSS-DSA100 光学接触角测量仪具有表面能计算功能。因此，本方案通过设置不同疏水梯度的抗凝冰功能表面，在测量接触角的同时，通过配套的操作软件得到不同试验组试件表面能的大小，如表 4.2 所示。从试验结果可以看出，接触角为 56.17°的普通超疏水沥青路面试件，其表面能高达 50.14 mJ/m^2；而疏水效果较好，接触角为 137.48°的沥青路面试件，其表面能降低到 4.09 mJ/m^2。因此，试验结果表明：随着疏水性的提高，材料表面能逐渐降低，接触角增加。当表面能降低到一定程度，试件表面达到超疏水状态，就具有了较好的抗凝冰性能。图 4.8 为表面能随接触角变化的趋势。

表 4.2　接触角及其对应的表面能大小

项目分组	1	2	3	4	5	6
接触角/（°）	56.17	65.41	109.27	117.69	126.13	137.48
表面能/（mJ/m^2）	50.14	44.45	17.51	12.80	8.54	4.09

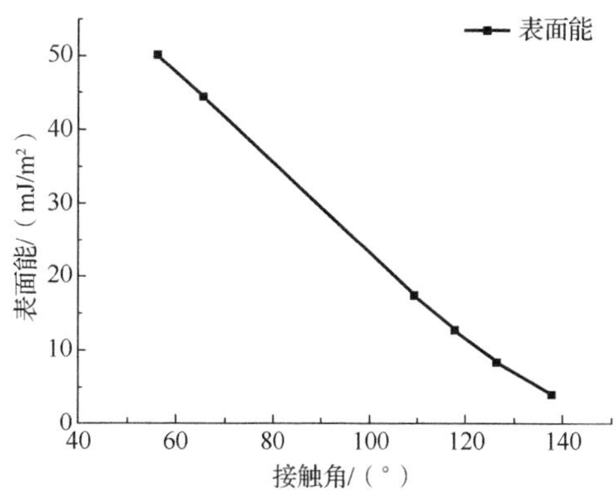

图 4.8　表面能随接触角变化的趋势

4.3.2　防冰霜性能测试

防冰霜性能主要指的是过冷水滴在结冰之前受到外力的作用而脱离道路表面的能力而促进液滴滚落、延缓水的结晶成核及降低“冰-路”附着力是影响防冰霜性能的关键因素。因此，本节从促进液滴滚落、延缓水的结晶成核、“冰-路”附着力、融冰性能和抗凝霜性能等五个方面测试超疏水沥青路面抗凝冰功能层材料的防冰霜性能。

1. 促进液滴滚落试验

利用图 4.9 中的试验装置可以测定不同倾斜角度下，液滴在试件表面结冰的量。将倾斜角度为 1°（用于模拟沥青路面路拱横坡坡度）的试件放入冷冻箱中，调节冷冻箱的温度，使水滴在−15℃的条件下滴落至试件表面。3h 后，将试件取出称量，其质量记为 m_1。同时，清除试件表面所有的冰，称重，记为 m_2。m_1-m_2 则为所结冰的质量。随后分别调整试件的倾斜度为 1.5° 与 2°（每种坡度 6 个试件），重复上述步骤。调节冷冻箱的温度，使水滴在−20℃的条件下滴落至试件表面，并重复上述所有操作步骤。不同状态下的结冰质量对比如图 4.10 所示。

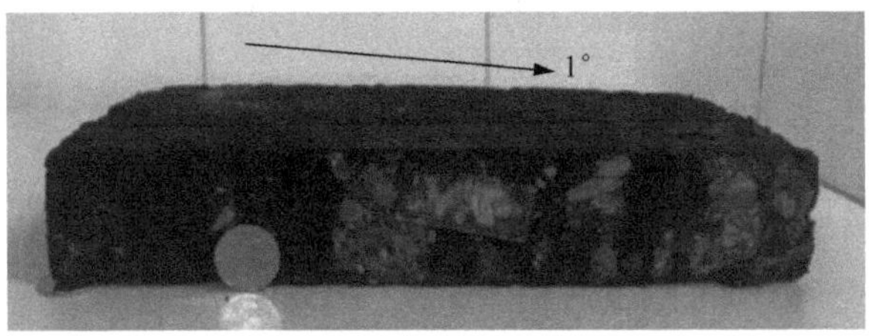

（a）1°

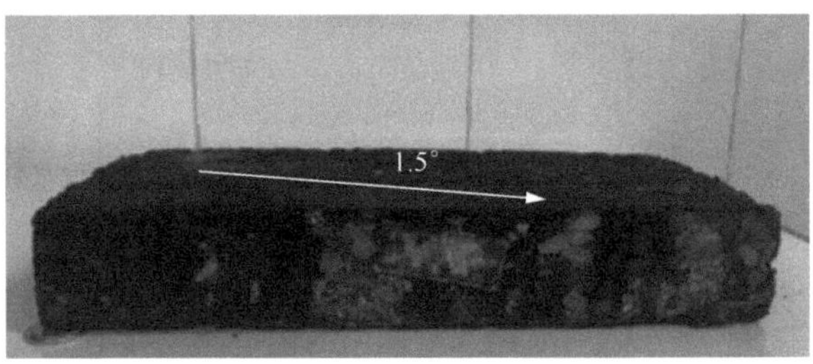

（b）1.5°

（c）2°

图 4.9　模拟不同路拱横坡度

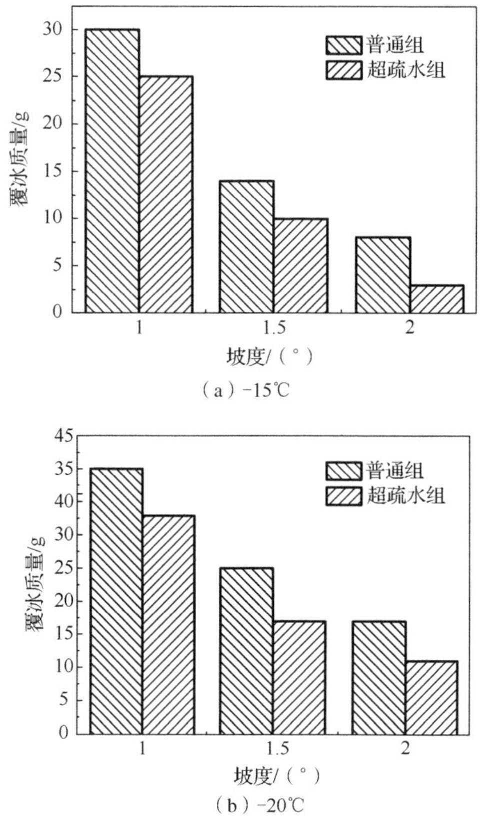

（a）-15℃

（b）-20℃

图 4.10　不同状态下的结冰质量对比

2. 延缓水的结晶成核

试验结果表明，在两种不同的温度环境下，超疏水组的结冰量均低于普通组。随着倾斜角度的增加，两组试件表面的结冰量均有不同程度的降低。当结冰温度降低到-20℃，超疏水组表面结冰质量虽仍小于普通组，但其降低程度比-15℃时有显著下降。当液滴滴落在沥青试件表面时，由于液滴与沥青试件表面具有温度差，液滴开始向外界放热，其自身的温度开始迅速降低。当液滴的温度降低至冰点时，液滴开始由液态转变为固态。此时，液滴与试件表面的附着力增强。随着结冰进程的继续进行，液滴最终以稳定的固体冰层附着于试件表面。当液滴滴落在具有较小滚动角的超疏水抗凝冰功能层，受到表面疏水性及自身重力的影响，液滴会在试件表面滚动一段距离。当液滴具有较高接触角时，滚动距离增加，液滴将迅速脱离试件表面，从而降低了试件表面结冰的质量。而普通沥青路面由于具有较大的孔隙，当液滴滴落时，将会通过孔隙进入沥青路面内部导致结冰质量增加。延缓水的结晶成核。

设置普通沥青混凝土试件为空白组，超疏水沥青混凝土试件为试验组。分别向两组试件表面喷洒100mL绿色墨水，每隔20min观察两组试件表面的结冰进程，以此判断超疏水材料对延缓结冰所产生的效果。图4.11为试验试件的制备情况。

（a）空白组　（b）对照组　（c）将超疏水材料涂覆于普通沥青试件

（d）效果图

图4.11　试验试件的制备情况

如图4.12所示为不同时刻两组试件的结冰形貌对比。图中左侧为普通沥青混凝土试件，右侧为超疏水沥青混凝土试件。试验开始时，将冷冻箱的温度旋钮调节至强冷挡（约为-25℃）。10min后，容器内水的表面开始结冰。30min后，左侧空白组试件表面已经开始形成清晰的薄冰；而右侧超疏水试件表面的水滴仍处于液体状态，没有冰晶的形成。直至1h后，普通组表面形成一整块面积较大的冰层，与试件表面紧密相连。此时，超疏水试件表面的冰则以椭球体散落在试件表面，未形成统一的整体。由此可见，超疏水试件可有效延缓水的结晶成核。

（a）初始状态　（b）10min

图4.12　不同时刻两组试件的结冰形貌对比

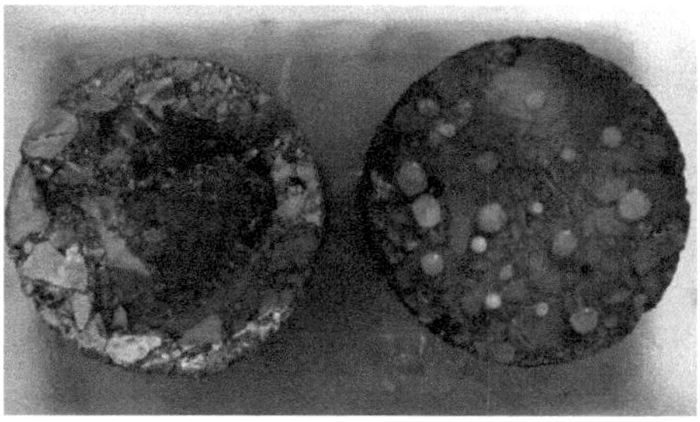

（c）30min

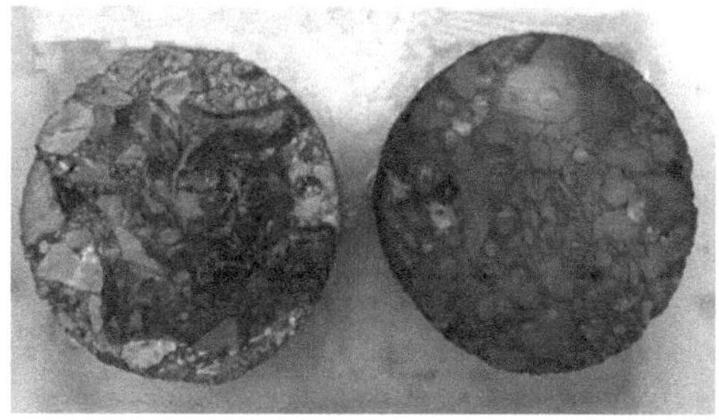

（d）1h

（e）普通沥青试件结冰最终状态

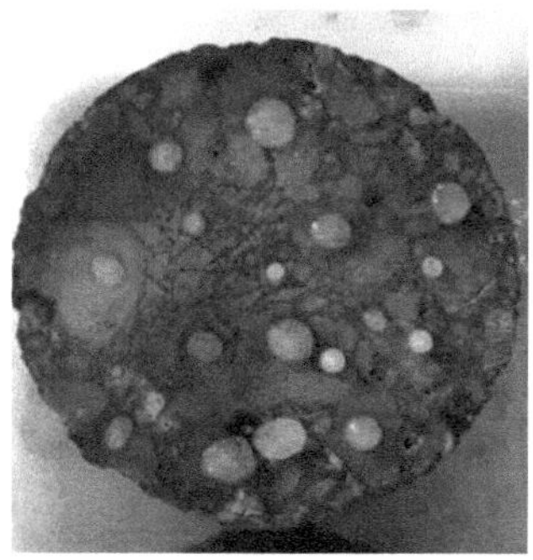

（f）超疏水试件结冰最终状态

图 4.12（续）

依据相关理论，当超疏水材料附着于普通沥青混凝土试件时，试件表面的微结构会因此发生改变，进而提高了水滴结冰时所需要克服的能量势垒；与此同时，超疏水材料的存在，使整个能量体系与外界环境的热交换减缓。在这两种因素的综合作用下，超疏水试件的抗凝冰性能相比于普通试件有了显著增加。

3. “冰-路”附着力

1）锤击试验

在低温雨雪天气，降水容易由沥青路表进入其内部孔隙结构。当气温偏低时，这些孔隙内的雨水极易凝结成冰，加大了除冰工作的难度。而对于超疏水抗凝冰功能层，由于其表面微结构的凹槽中存在“气垫”结构，过冷水滴和冻雨不易进入这些孔隙中，从而使得“冰-路”附着力大大降低。为了间接反映“冰-路”附着力，设计落锤冲击试验，据此定性地分析附着力大小。试件结冰在-15℃的冷柜中进行，试件为 101.6mm×63.5mm 的标准马歇尔试件。所用仪器及试验简图如图 4.13 所示。

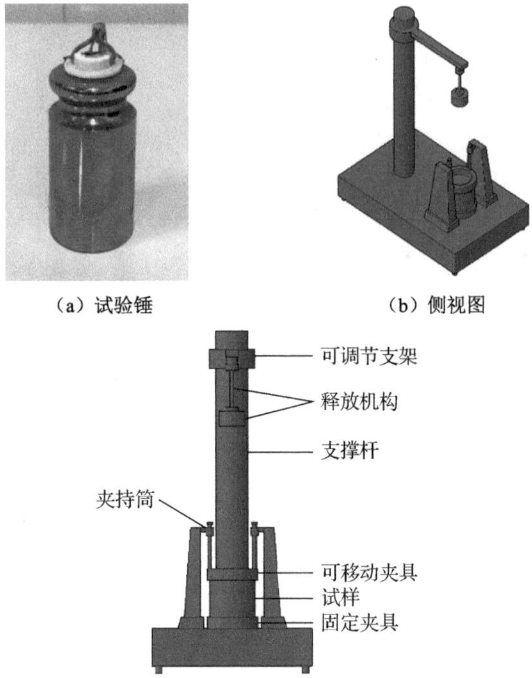

（a）试验锤　　（b）侧视图

（c）前视图

图 4.13　所用仪器及试验简图

（1）方案简述。试验设置三个试验组，分别为普通组、疏水组和超疏水组。将试验锤从指定高度落下，撞击冰层表面，通过称量各组试件表面破碎冰的质量，间接判断冰在试件表面附着力的大小。在高于试件顶面 20cm 的位置，将 1kg 的试验锤落下，锤击冰层表面。试验步骤：将试件放置于冷冻室中；喷洒 200mL 清水，冷冻至试件表面结冰。称量，记为 m_1；开动仪器，撞击冰表面；除去表面的破碎冰，称量，记为 m_2。刮除试件表面所有冰，称量，记为 m_3；重复上述操作 3 次。不同试验组的锤击结果如图 4.14 所示。

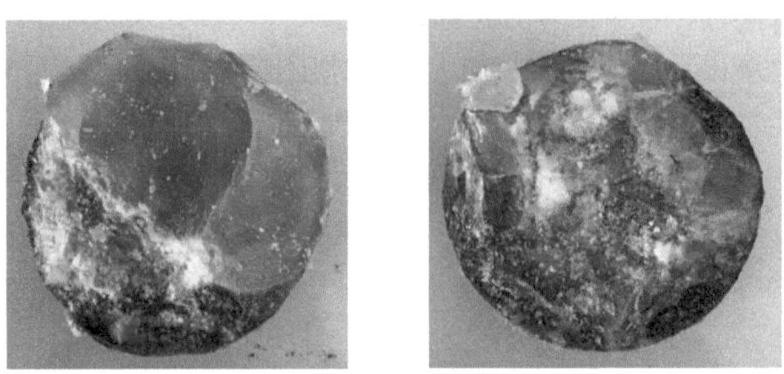

（a）普通组　　（b）疏水组

图 4.14　不同试验组的锤击结果

（c）超疏水组

图 4.14（续）

（2）数据处理。各组试件冰的残留率按照式（4.3）计算：

$$\rho = \frac{m_2 - m_3}{m_1 - m_3} \tag{4.3}$$

式中：ρ——残余冰质量与冰总质量的比值。

依据式（4.3），试验结果记录于图 4.15 中，且计算出残留率 ρ 并求出平均值。

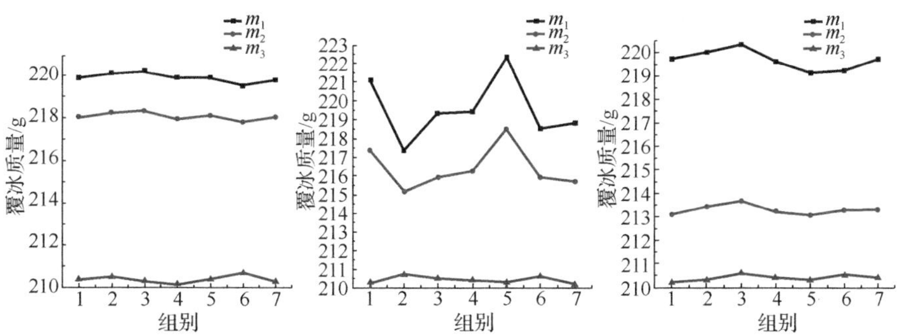

（a）普通组　　（b）疏水组　　（c）超疏水组

图 4.15　不同试验组结冰质量对比

此外，计算出残留率 ρ 之后，求出其平均值，不同组别残留率对比如图 4.16 所示，不同组别结冰情况如图 4.17 所示。

由图 4.15 分析可知，m_1 和 m_3 基本相近，满足随机取样规律，但 m_2 差异较大，呈现出随着疏水性能的强化而递增的趋势。在图 4.16 中，冰的残留率则更加直观反映：普通水泥混凝土组、疏水水泥混凝土组和超疏水水泥混凝土组的 ρ 值分别为 0.807、0.654 和 0.311。相比于普通组，另两组的残留率仅为其 81.04%和 38.54%。

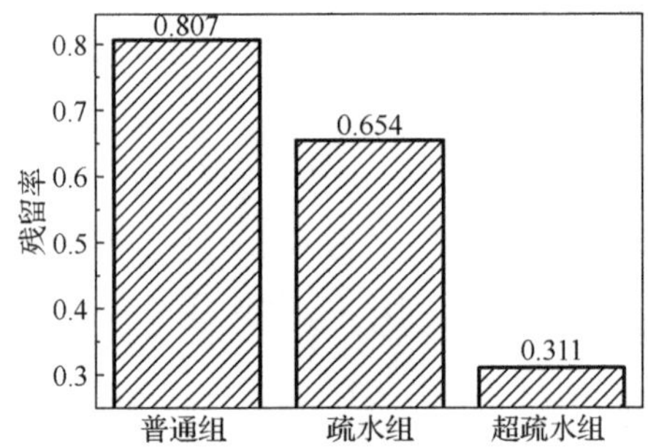

图 4.16　不同组别残留率对比

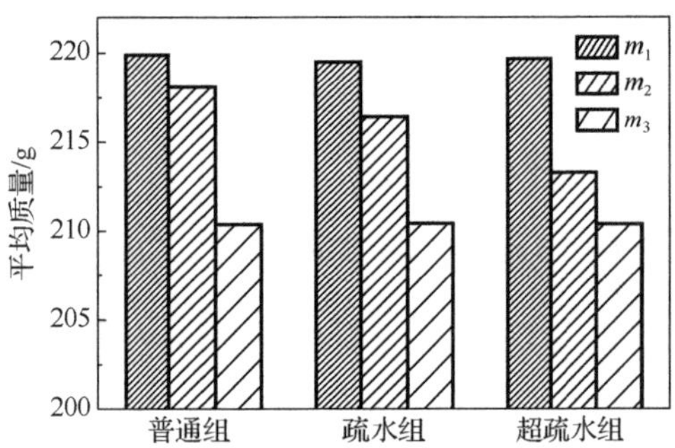

图 4.17　不同组别结冰情况对比

这里需要强调的是，物质附着在某一材料上，如果物质本身的附着强度大于结构强度，则在力的作用下表现为物质的破碎；相反，如果结构强度大于附着强度的话则表现为物质的剥离，由试验中可以看出普通水泥混凝土试件表面冰的破坏形态为粉碎式破坏，试件表面残留着大量粉状冰碴；相比之下，超疏水水泥混凝土试件表面的破碎冰表现为片状，破裂面较平整，属于剥落式破坏；疏水水泥混凝土既有大量片状又有部分冰碴表现出的是附着力稍小于冰的结构强度。综合上述三种情况，这就从破坏形式上又一次验证了附着力与冰的自身结构强度之间的大小关系：$\sigma_{超疏水组} < \sigma_{疏水组} \leqslant \sigma_{冰结构} < \sigma_{普通组}$。即超疏水组试件冰的残留率最低，证明其可有效提高普通沥青路面的抗凝冰性能。

2）“冰-路”附着力试验

（1）方案简述。由于锤击试验通过观测冰的形貌及计算冰的残留率来间接反映“冰-路”附着力，并未直接测量出冰在沥青试件上附着力的真实数值；因此，本方案设计了推力试验，用于测量实际“冰-路”附着力。

试验仪器及试件：可人工调节温度的冷冻箱；温度计，量程-50～300℃；结冰模具；艾普 SF500N 数显推拉力计，量程 0～500N（图 4.18）；预先制备好的 6 组 101.6mm×63.5mm 标准马歇尔试件。

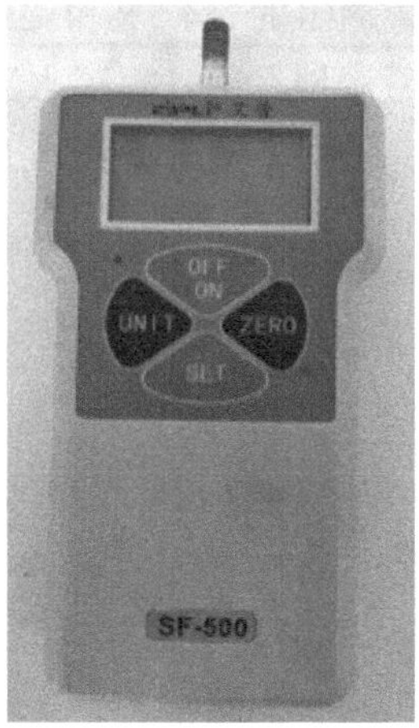

图 4.18　艾普 SF500N 数显推拉力计

试验步骤：①将结冰模具盛满水放入冷冻箱，将冷冻箱温度调节至强冷挡（-25℃），冷冻至模具中的水结冰完全；②将事先制备好的试件按疏水材料浓度的不同分为三组，依次命名为普通组（5%～15%）、疏水组（30%～40%）、超疏水组（55%～65%）。取出模具中的冰块，在事先制备好的试件上分别平行放置两块冰块，然后再次放入冷冻箱中冷冻，试验模具及试验组如图 4.19 所示；③当结冰完全，冰块与试件表面形成一定的附着力时，将试件取出；④将试件固定，用数显测力计的一端推动冰块的一侧，随着推力的增加，测力计的读数也会相应增加。当推力增加到一定程度时，冰块就会脱离试件表面。记下测力计的峰值读数，此读数即为冰与试件表面的附着力。

图 4.19　试验模具及试验组

（2）数据及结果分析。根据图 4.20、表 4.3 及图 4.21，计算出普通组、疏水组、超疏水组冰附着力的平均值分别为 227.1N、123.8N、48.9N。因此，疏水组与超疏水组附着力的大小仅为普通组的 54.5%和 21.5%。通过对不同组别“冰-路”附着力的直接测量，可以直观地看出，超疏水沥青路面抗凝冰功能层材料能显著降低冰与沥青路面间的附着强度，使道路除冰工作变得更为简单、有效。

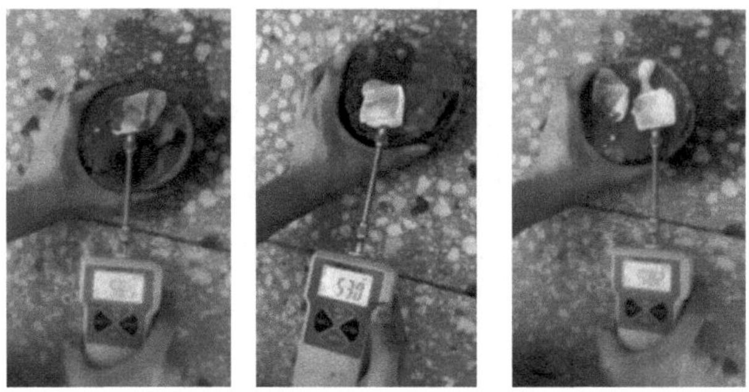

图 4.20　超疏水组的冰附着力测试

表 4.3　不同试验组冰的附着力大小

普通组	浓度/%	5	7.5	10	12.5	15
	附着力/N（平均值 227.1N）	278.1	250.1	220.3	203.4	183.6
疏水组	浓度/%	30	32.5	35	37.5	40
	附着力/N（平均值 123.8N）	142.6	137.4	121.5	114.3	103.2
超疏水组	浓度/%	55	57.5	60	62.5	65
	附着力/N（平均值 48.9N）	63.6	52.1	46.8	41.2	40.7

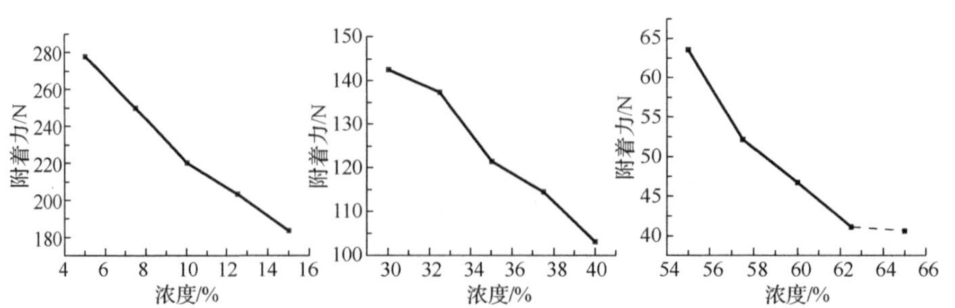

（a）普通组　（b）疏水组　（c）超疏水组

图 4.21　不同疏水材料浓度下的附着力变化

4. 融冰性能

当环境温度较低时，冰与试件表面具有较强的附着力，且随着温度的降低，这种附着力也呈递增的状态。但是当温度逐渐增加，附着力也会随之降低。因此，本节自行设计试验，通过记录试件与冰的质量变化来评价超疏水沥青路面抗凝冰功能层材料的加速融冰性能。

（1）试验步骤。

① 将结冰模具盛满水，放入冷冻箱中冷冻。调节冷冻箱的温度至强冷挡，将模具中的水冷冻至结冰完全的状态。

② 将超疏水涂料涂覆于普通沥青试件表面，待固化完成后，分别取普通试件与超疏水试件称量其质量，随后放入冷冻箱中冷冻 2h（将冷冻温度调节至−20℃），使各个试件的整体温度由室温降低至−20℃。

③ 取出模具中的冰块，在各个试件上分别平行放置两块冰块，然后再次放入冷冻箱中冷冻 2h，使冰块与涂层黏附紧密。

④ 每隔 2h 将冷冻箱中的温度提高 3℃，并在每次提高温度之前测量冰与试件的总质量，将此质量与结冰前试件的质量相减，得到结冰质量并记录。

⑤ 当温度升高至各个试件表面的冰都完全融化后，停止升温，取出试验试件。

（2）数据及结果分析。由图 4.22 中数据可知，对于普通组：在温度未达到 0℃之前，普通组试件表面冰的质量未发生显著变化。当温度升高至 0℃以上时，普通组试件表面所结冰才开始融化，质量迅速下降。对于超疏水组：在−5℃之前，超疏水组试件表面冰的质量已经呈现出比较明显的下降趋势，当温度升高至−5℃以上时，这种下降趋势得到强化，冰的质量大幅度下降。因此，通过曲线可以看出，超疏水功能层可加快普通试件表面冰的融化速率，提高其抗凝冰性能。

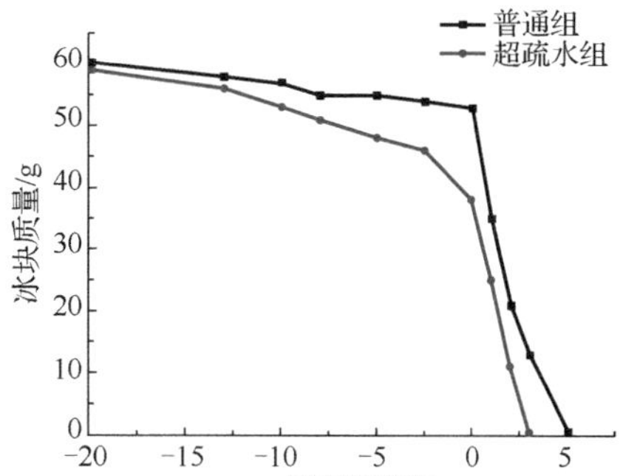

图 4.22　不同试验组表面结冰质量变化

5. 抗凝霜性能

在我国南方部分低温地区，冬季严寒的气候容易使路表覆盖冰霜。当路表湿度超过一定程度，就会在其粗糙的缝隙中形成细小的冰霜。虽然这些冰霜对路面结构本身的力学性能影响较小，但对路表的抗滑性能具有较大影响，这将造成一定的安全隐患。因此，本节设计了抗凝霜试验，用以判断超疏水功能层对冰霜的抑制作用。

（1）试验仪器及试件：冷冻箱，温度计，湿度计秒表，制备好的标准马歇尔试件，直径为 101.6mm×63.5mm 的圆柱体。

（2）试验步骤。

① 分别将普通标准马歇尔试件与超疏水马歇尔试件放置于-20℃的冷冻箱中冷冻，用相机记录下两组试件结冰前的表面状态，如图 4.23（a）所示。

② 调节冷冻箱的旋钮，将其湿度控制在 85%，温度控制在-20℃。

③ 每隔 20min 打开冷冻箱的盖子，观察冷冻箱中试件表面的凝霜状态。观察秒表，当凝霜时间到达 4h 时，用相机记录下试件表面的凝霜状态，如图 4.23（b）所示。

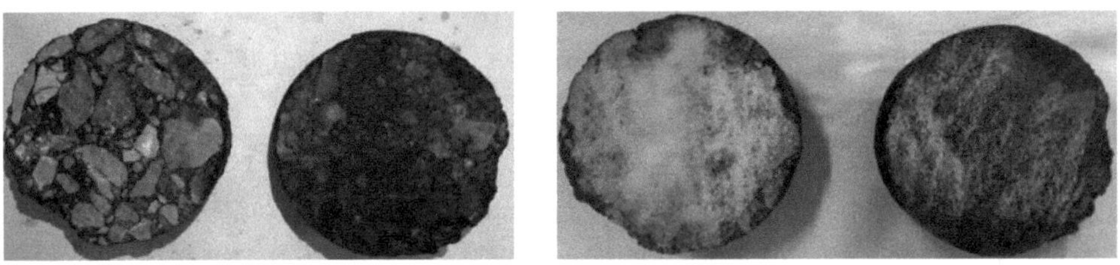

（a）结冰前试件表面状态　（b）结冰后试件表面状态

图 4.23　两组试件结冰前后的表面状态

（3）试验结果分析。通过试验结果及图片可知，未处理的试件表面形成了明显的冰霜层，相比于结冰之前，其表面形貌发生了显著变化；经过超疏水材料处理过的沥青试件表面形貌未发生显著改变，仅有轻微的凝霜现象。由此可见，超疏水材料可显著提高普通沥青试件的抗凝霜性能。

凝霜现象属于水由液态转变为固态的一种方式，但与普通降雨成冰不同的是，这种成冰过程的本质是粒径十分微小的液滴的放热过程。普通沥青路面经过超疏水材料处理后，其路表会形成微-纳米二级结构。在这种结构中，纳米级凸起使实际的固液接触以点接触的方式存在，使二者之间的接触面积减小。另外，微-纳米二级结构之间形成了“气垫”结构，这种结构可有效阻止固体与液体间的热量传递。在这两种因素的综合作用下，导致这种结构能够有效促进微小的液滴从基质表面脱离。与此同时，微-纳米结构可形成较高的能量势垒，使得微小液滴在结冰的过程中需要克服更多势垒做功，最终导致结冰过程的延缓。

除此之外，当微液滴受到外界环境影响，微小的液滴在彼此靠近时容易互相结合，形成新的液滴。由于新液滴的表面积小于原液滴的总表面积，这就表明了在液滴结合的过程中部分表面能得到释放，进而导致表面张力的出现。当表面张力大于固-液间的附着力，液滴就会脱离基质表面，并在路拱横坡及自身重力的作用下发生滚动。

4.4　超疏水沥青路面抗凝冰功能层长期性能

4.4.1　耐磨耗性能试验

由于采用的是喷涂施工工艺，超疏水沥青路面抗凝冰功能层材料一部分附着于道路表面，另一部分渗透进路面层内部。附着于道路表面的功能层在行车荷载、风力、雨水冲刷、温度变化等因素的综合作用下，容易产生磨耗损伤，降低使用性能。本节通过抗磨损性能试验，测量在不同摩擦次数后，超疏水试件表面接触角的变化情况，用以分析抗凝冰功能层的抗磨损性能。图 4.24 为湿轮磨耗仪[61]。

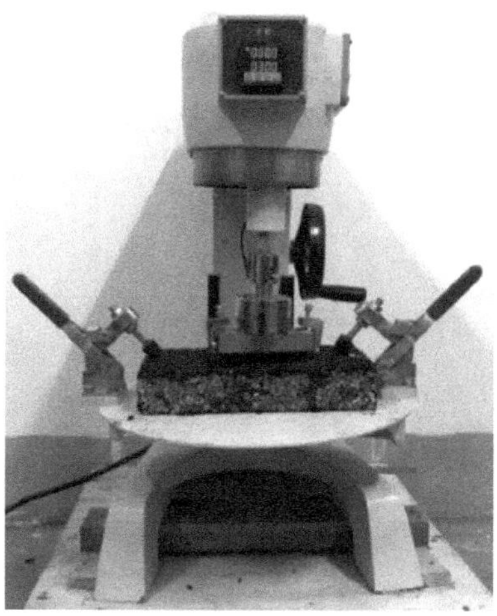

图 4.24　湿轮磨耗仪

1. 试验仪器及材料

试验仪器为湿轮磨耗仪，材料为超疏水抗凝冰沥青路面试件。

2. 试验步骤

（1）将试件放置于湿轮磨耗仪的托盘中，随后用夹具将试件固定。提升试验台并将其锁定，此时将磨耗头与沥青路面板相接触。

（2）启动电源，使磨耗头与试件表面进行摩擦。

（3）每当摩擦次数达到 50 次、100 次、200 次、300 次、500 次、800 次、1 000 次时，将试件取出，利用量高法测量得到试件在相应摩擦次数后的接触角大小并记录，不同摩擦次数下接触角的变化情况如表 4.4 所示。

表 4.4　不同摩擦次数下接触角的变化情况

组别	1	2	3	4	5	6	7
摩擦次数	50	100	200	300	500	800	1 000
接触角/（°）	122.3	111.2	101.2	97.4	92.0	90.4	89.1

从试验结果可以看出，在磨耗初期，超疏水抗凝冰路面接触角的降低幅度较大。当摩擦次数达到 300 次时，接触角从最初的 122.3° 降低至 97.4° 。由此可见，在磨耗环境下，要维持长时间的高接触角状态比较困难。当摩擦次数超过 500 次时，接触角降低速率减缓。当摩擦次数高于 1 000 次时，超疏水试件表面的接触角仍接近 90° 。由此可见，超疏水沥青路面抗凝冰功能层材料具有良好的渗透性能。当路表的功能层被磨耗殆尽，渗透到结构层内部的材料使整个体系仍具有一定的疏水性能，进而使得沥青路面抗凝冰性能得到延续。图 4.25 为磨耗试验下的超疏水抗凝冰功能层接触角的变化趋势。从图 4.25 中可以看出，当摩擦次数超过 500 次时，曲线斜率明显降低，接触角降低趋势减缓，表明超疏水沥青路面抗凝冰功能层材料具有较好的抗磨损性能。除此之外，普通沥青混凝土的接触角在多次摩擦作用下未发生显著改变。

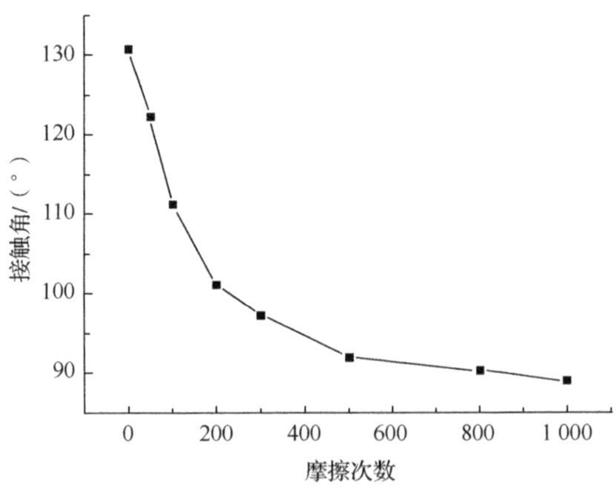

图 4.25　接触角的变化趋势

4.4.2　渗透性能试验

超疏水材料具有一定的渗透作用，可通过普通沥青路表间的空隙渗透进表层结构内部，进而对沥青集料进行包裹，使得一定深度范围内的沥青路面结构均具有较好的疏水性能。当这些路面结构被超疏水乳液渗透后，将具有较高的接触角及较低的表面能，这就从根本上改变了材料的浸润性，减小液滴与路面间的接触面积，进而降低冰与路面间的附着力。只有当超疏水乳液具有良好的渗透性，才能保证功能层保持较好的抗凝冰性能。若超疏水乳液的渗透性较差，疏水材料无法顺利进入路面表层结构内部，无法保证路面整体的抗凝冰特性。因此，本节通过对玄武岩、石灰岩等作为沥青集料的石料进行超疏水乳液渗透性能试验，分析这种超疏水抗凝冰材料的渗透性能。试验结果对比如图 4.26 所示。根据图 4.26 中的试验结果可以看出，经过超疏水溶液浸泡后的集料表面颜色加深，并且在经过一段时间的静置后，集料底部有部分物质析出。这充分说明集料表面已被超疏水溶液包裹并有部分溶液渗透进集料内部，体现了超疏水乳液良好的渗透性能。

粗集料　　细集料

（a）处置前的集料

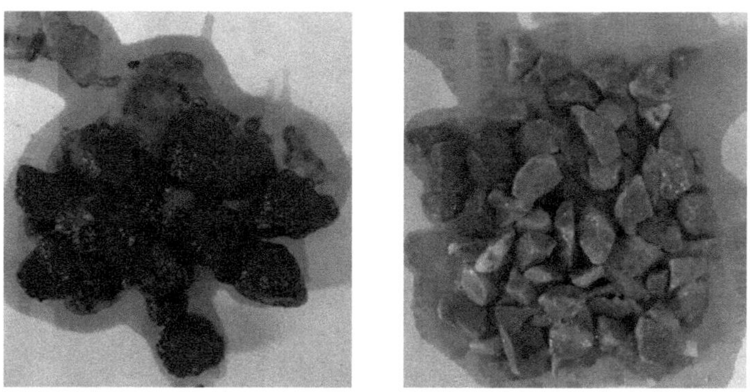

（b）处置后的集料

图 4.26　渗透性能试验结果对比

4.4.3　耐水性能试验

在水的作用下，沥青与集料间的黏附能力在一定程度上会发生下降。当下降到一定程度时，在车辆荷载及外界环境因素的综合作用下，集料就会从路面剥离，对沥青路面造成损伤。本节根据超疏水沥青路面抗凝冰功能层材料耐水性能试验及评价标准，对该功能层的耐水性能进行试验评定，具体试验步骤如下。

（1）在试验开始前，选取两个级配为 AC-20，外观相似的标准马歇尔试件。

（2）选择其中一个试件，在其表面涂覆超疏水乳液，待其固化成型，作为试验组。

（3）将试件放置于恒温水箱中浸泡，调节温度旋钮，让水箱的温度保持在 20℃。

（4）每隔 24h 拍照记录不同组别试件的表面形貌，到 48h 时将试件取出，停止浸泡，观察试件表面形貌，期间每隔 4h 将试件取出，烘干，用接触角测定仪测定试件表面水的接触角大小，随后再次放入恒温水箱中浸泡。不同时段的试件表面形貌如图 4.27 所示。根据图 4.27 可以看出，在经过 24h 和 48h 的浸泡之后，超疏水沥青路面抗凝冰功能层材料表面并未出现明显的集料剥落、沥青溶解，且功能层整体保存完好，表明其具有良好的耐水性能。图 4.28 表明了接触角随浸泡时间的变化：随着浸泡时间的增加，接触角逐渐下降，当浸泡时间超过 40h 时，这种降低趋势逐渐减缓。

（a）浸渍前　　（b）浸渍 24h 后　　（c）浸渍 48h 后

图 4.27　不同时段的试件表面形貌

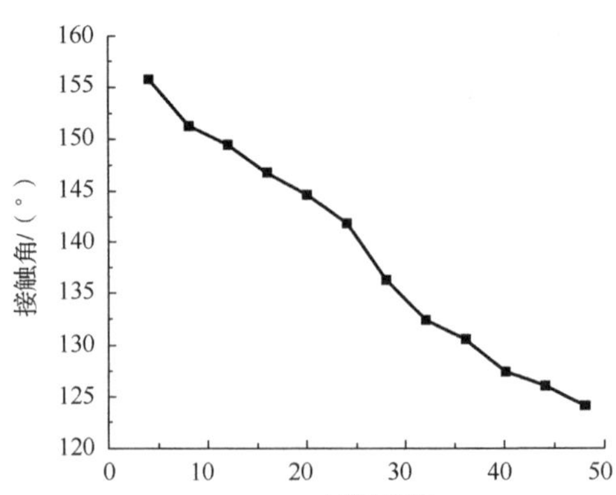

图 4.28　接触角随浸泡时间的变化曲线

通过 4.3 节中的所述内容，表明超疏水沥青路面抗凝冰功能层材料具有良好的渗透性能及耐水性能，可在一定范围内减小水对其自身的影响，具有良好的耐久性能。

4.5　超疏水沥青路面的现场工程应用与效能评价

4.5.1　工程概况

本节依托湖南省科技计划项目，工程地点位于湖南省湘西地区，湖南省永吉高速公路第 21 标段。该工程为高速公路连接线的一部分，长度 3 000m、宽度 8m，采用双向车道，总应用面积约 24 000m^2。通过对施工方法进行研究，从喷涂方法、物资准备、人员组织等方面控制施工质量。

4.5.2　材料准备

超疏水材料参数如表 4.5 所示。

表 4.5　超疏水材料参数

参数	状态	颜色	pH 值	有效物含量	密度
指标	液体	黑色	6～8	≥75%	0.83g/cm^3

超疏水材料的特点如下。

（1）材料性质稳定。

（2）无毒、无污染、无腐蚀性。

（3）安全、不易燃。

（4）施工工艺简单易操作、施工周期短可快速开放交通。

（5）疏水、防冰性能优异。

（6）较好的耐久性、耐磨性。

由于该涂层材料受温度影响较小，在施工时，对现场的施工温度要求不高。一般为 0～40℃，相对湿度小于等于 80%，风力 3 级以下就可满足施工条件。温度过低，会使超疏水材料由液态变为固态，严重影响施工质量及施工进程，并且大幅度削弱路面抗凝冰性能，使施工无法正常进行；与此同时，温度过高，会使溶剂挥发，同样会影响施工之后路面防冰、减冰效果。另外，该涂层材料是以液体形式存在的，如果施工期间下雨，将导致刚刚喷涂的超疏水材料被雨水冲刷，无法达到预期效果，甚至导致施工无法正常进行，影响施工进度。

4.5.3 超疏水材料制作过程

施工前 2～3d，将材料发送至物资储存场地，注意密封保存，不得随意拆封使用。为了保证材料具有较好的使用性能，施工前一天由施工人员配制完成。为了使超疏水溶液更均匀，每次配制体积不宜过大，以 50L 左右为宜。

1. 超疏水材料现场配置步骤

（1）打开疏水材料的桶装封口，用手压式插桶抽油泵抽取 50L 疏水材料到搅拌桶中。

（2）用电子秤分别称量改性材料 A 和改性材料 B（质量已计算好）。

（3）分三次将称量好的改性材料 A 和改性材料 B 依次加入抽取的疏水材料中，每次各加 1/3，每次加入材料后用电动搅拌机至少搅拌 1min，使溶液更加均匀。

（4）将配制好的疏水材料装入准备好的空桶中，静置消泡、封存，第二天施工时取用。

2. 运输车辆的配备

如果没有施工现场车辆，需要租借车辆，运送超疏水材料和施工工具至施工现场。

3. 施工工具的准备

施工前，应将所能用到的各种大小工具购买齐全，测试且确保能正常使用，电气设备提前充满电（如背负式电动喷雾器、手电筒等），并对所有工具进行清点、封存。

4.5.4 施工工艺及流程

对于超疏水沥青路面抗凝冰功能层材料的施工，采用喷洒和人工涂刷相结合的方式进行，喷洒装置采用背负式电动喷雾器。喷洒式施工可使超疏水材料均匀地涂覆在沥青路面表层，并且能大面积覆盖路面，减小作业强度。对于一些局部位置，如路边缘部分及其他未被涂覆到的部分，可人工进行补刷，采用喷洒和涂刷相结合的方式，以确保边角覆盖均匀，取得更好的抗凝冰效果。

1. 场地及物资准备

为方便施工，在施工路段附近选择地势平坦，且方便运输车辆进出、面积为 $30m^2$ 以上的空地，并进行清理、平整、夯实，在上面搭建的活动板房，可用作材料、施工器具的储存仓库，此外还要考虑供电、取水方便。安置好板房后从附近连接电源，接通到板房，方便供电。

2. 具体施工工艺流程

整体施工流程如图4.29所示。

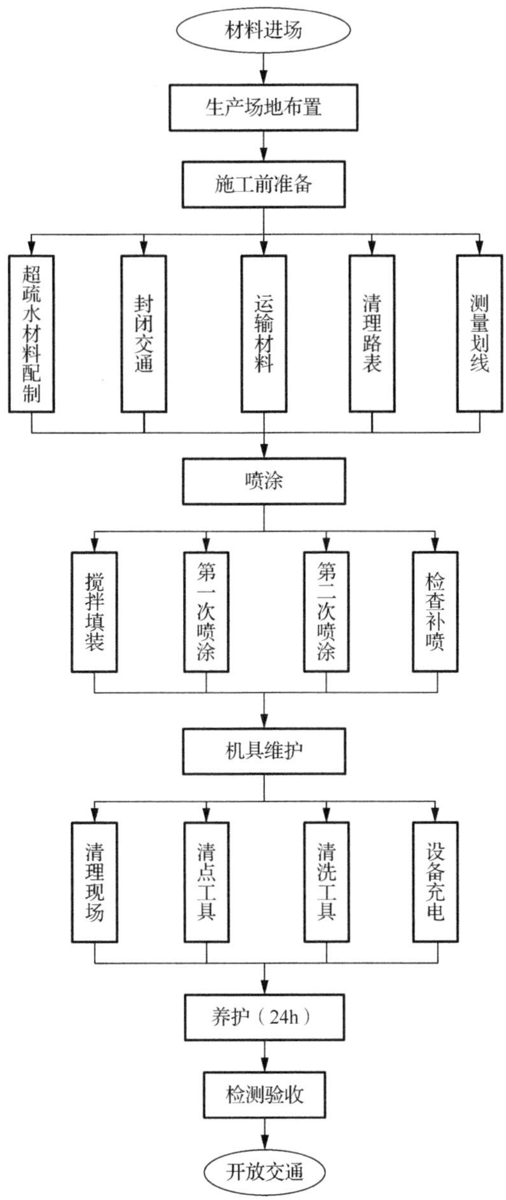

图4.29　整体施工流程

（1）施工路段喷洒前期处理。

① 进行交通管制。正式施工开始前，应使用围挡或者警戒线临时封闭交通。安排 1～2 人在施工路段的起终点分别摆放施工安全标志牌或其他指示牌，在道路中央分隔带设置一段长为 900m 的警戒线（夜间能够反光），禁止行人及车辆通行，维持施工现场秩序。

② 清理施工路段路表面。喷洒超疏水涂料之前，应安排两人使用路面清理吹风机对路面进行清扫（图 4.30），两人从道路两端同时进行，从起点至终点，清除路面杂物、灰尘以及裸露、松散骨料，对于大块杂物必要时可使用扫帚辅助清理。

图 4.30　使用路面清理吹风机对路面进行清理

（2）超疏水材料的喷涂。待路面清扫干净后进行超疏水材料的涂覆。通过试验发现，用喷洒设备将超疏水材料喷洒在沥青混合料试件表面比用涂刷涂覆更加均匀且疏水防冰效果显著。因此，在施工过程中采用背负式电动喷雾器进行沥青路面表面超疏水材料的喷洒施工。超疏水材料的喷涂计划工期为 4d（第 1d 初次施工，施工人员的磨合、操作的熟练需要一定的时间，因此，第 1d 的任务总量低于其他 3d）该过程采用喷洒设备（背负式电动喷雾器）进行喷洒，施工时暂定每个喷雾器每次只装 20L 的超疏水溶液，背负式电动喷雾器的设定喷洒速率为 20L/15min，设定喷洒量为 0.2L/m^2。

① 安排 2～3 人划分喷洒区域，从施工路段的一端开始沿道路纵向每隔 37.5m 划分一段喷洒区域。在每段喷洒区域再划分三个等面积的小区域，用细绳作为区域分割线，每个小区域正好是一个喷雾器（体积 20L）的喷洒范围，可保证每个喷雾器在此区域内将 20L 超疏水溶液全部喷洒完，以此达到喷洒量为 0.2L/m^2 的要求，单位喷雾器喷洒面积示意图如图 4.31 所示。

图 4.31　单位喷雾器喷洒面积示意图

② 喷洒开始前各人员穿好工作服和反光背心，戴口罩、手套、脚套，若于夜间施工，则需配备照明设备（人手一盏头部探照灯）。

③ 将施工前配制好的超疏水材料再次搅拌均匀，去除其中的泡沫，倒入电动喷雾器中，保证每个喷雾器中溶液为 20L。

④ 调整电动喷雾器喷头的流速（之前试验流速），检查喷雾器背带是否完好，为保证喷出的疏水材料液雾不被自然风吹出喷洒范围，在喷头处安置防风罩。

⑤ 3 台喷雾器同时喷洒施工，按照划分的施工区域，每个喷雾器喷洒一个小区域，为防止互相干扰，相邻施工人员纵向间距控制在 3～5m，为加快施工速度，在当天计划施工段另一端可以同时施工。

⑥ 喷洒方式采用后退“Z”字形喷洒，喷头高度不宜过高，离路面 20～30cm 效果较好，每喷洒至 3～5m 时晃动几下喷雾器，防止喷雾器内部分材料沉淀，确保喷洒的浓度均匀，使用电动喷雾器进行喷洒如图 4.32 所示。

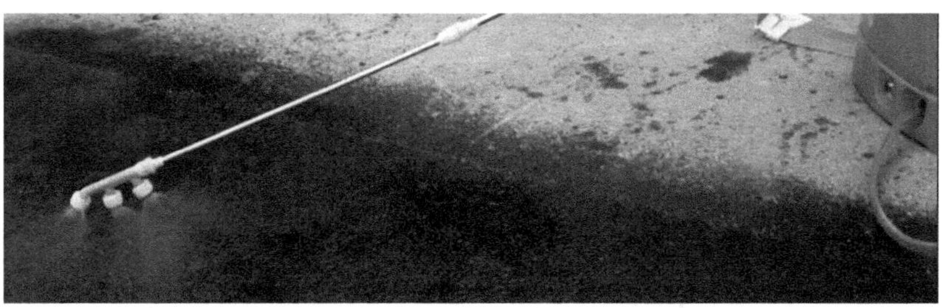

图 4.32　使用电动喷雾器进行喷洒

⑦ 若喷洒完划分区域后材料仍有剩余时，补喷到材料稀薄或未喷到之处，同时，应安排 2～3 人检查已喷洒部位的涂覆状况，如遇到漏喷、少喷及边角处，应使用涂刷及时补涂，确保路面全部被超疏水材料均匀覆盖。图 4.33 为喷洒现场。

⑧ 第一遍喷洒完毕，换另一组施工人员进行第二遍喷洒，喷洒起始点、喷洒方法及用量与第一遍相同。

⑨ 喷洒过程中应准备 3～4 个电动喷雾器备用，4～5 人与喷洒人员轮流替换。

图 4.33　喷洒现场

⑩ 施工结束后，清理现场，将施工产生的垃圾带离现场，进行合理处理。清点、清洗工具至少两次，统一收集、储存，供第二天施工使用，施工方法和疏水效果如图 4.34 所示。

（a）喷涂　（b）补喷

（c）局部疏水效果　（d）整体疏水效果

图 4.34　施工方法和疏水效果

4.5.5 维修养护过程

超疏水沥青路面抗凝冰功能层材料的养护要注意以下几点。

（1）确保沥青路面喷涂均匀后，禁止行人及车辆在路面上行走，避免施工后形成的涂层结构被破坏。

（2）养护温度不宜过高（由于夏天高温天气，建议于夜间进行施工，以保证超疏水材料良好的吸收率）。

（3）施工及养护过程中路面不可遇水，如遇下雨天或者其他紧急情况，可在已施工好的路表面覆盖上前期备好的隔水塑料薄膜，阻止雨水与超疏水材料的进一步接触，从而保证施工质量和效果，雨水停止后及时移除塑料薄膜，检查路面渗水情况，如有雨水渗进路面应及时进行补涂。

4.5.6 现场性能测试

1. 抗滑性能测试

实施效果中最关键的一条就是现场验证超疏水抗凝冰功能层的抗滑性能，由摆值和构造深度两项指标来评价。

摆式仪是摆式摩擦系数测定仪的简称，摆值即摆式仪的刻度值。不同组别摆值对比如表 4.6 所示。普通沥青路面在喷涂了超疏水材料之后，摆值降低了 15.5%。这表明超疏水抗凝冰功能层会在一定程度上降低路面的摩擦系数，但降低幅度不大，仍满足规范中对沥青路面摆值的要求（BPN≥56）。图 4.35 为摆式摩擦系数测定仪现场试验图。

表 4.6 不同组别摆值对比

试验类型	摆值（BPN）						评价标准
	1 组	2 组	3 组	4 组	5 组	平均值	
普通沥青路面	74	70	68	72	71	71	≥56
超疏水沥青路面	68	46	60	56	70	60	

图 4.35 摆式摩擦系数测定仪现场试验图

依据《公路路基路面现场测试规程》(JTG E60—2008)，采用人工铺砂法（图 4.36）测定普通沥青路面及超疏水沥青路面的构造深度，用以判断超疏水材料对普通沥青路面宏观构造的影响以及超疏水沥青路面的抗滑性能。由表 4.7 可以看出，在喷涂超疏水材料之后，相比于普通沥青路面，超疏水沥青路面的构造深度下降了 1.8%，但仍满足规范要求。

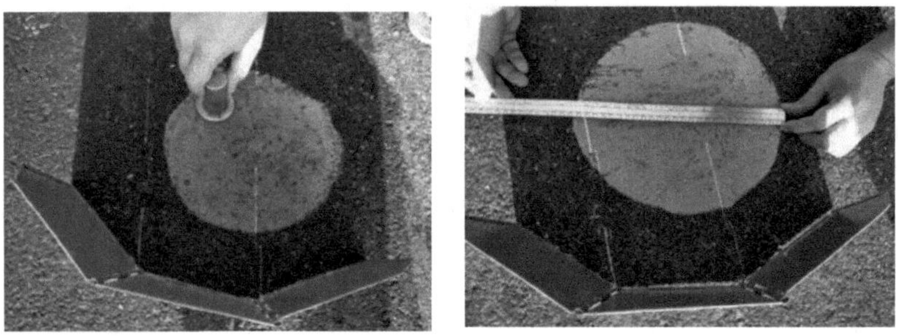

（a）摊铺　　（b）测量

图 4.36　人工铺砂法现场试验图

表 4.7　不同组别构造深度对比

试验类型	构造深度（TD）						评价标准
	1 组	2 组	3 组	4 组	5 组	平均值	
普通沥青路面	0.57	0.54	0.56	0.55	0.58	0.56	≥54
超疏水沥青路面	0.55	0.56	0.54	0.55	0.55	0.55	

2. 现场超疏水抗凝冰性能评价

（1）现场疏水角测试。采用德国 KRUSS-DSA100 光学接触角测量仪对钻取芯样接触角进行测量，测试结果如表 4.8 所示。超疏水涂层的接触角明显大于疏水涂层的接触角，故其具有更低的润湿性。超疏水涂层的 SEM 照片如图 4.37 所示，超疏水材料表面整体粗糙程度较高，颗粒排列紧密、无明显空隙，纵向有较为明显的起伏；将图 4.37 局部放大后可见，超疏水材料表面的纳米颗粒排列在纵向上存在落差，表明其遇水时易保存空气而形成气囊，从而能保证较小的固液接触面积。

表 4.8　接触角测试结果

涂层	接触角/（°）				
	1 组	2 组	3 组	平均数值	最大数值
疏水涂层	104.807	101.047	103.869	103.241	104.807
超疏水涂层	156.416	164.778	165.465	162.220	165.465

图 4.37 超疏水涂层 SEM 照片

（2）沥青混合料表面冰层降温速率测试。图 4.38 和图 4.39 分别展示了三种沥青马歇尔试件表面水滴的结冰过程及降温速率曲线。图 4.38（a）中，普通组试件在 50min 时水滴中出现了明显的冰水混合物，此时的温度为-1℃，达到结冰温度，水滴变得不再透明；图 4.38（b）中，疏水组试件在 60min 时表面水滴中出现了明显的冰水混合物，此时温度为-1.2℃，而图 4.38（c）中超疏水组试件的这一现象发生在 75min，此时的温度为-2℃。如图 4.39 所示，50min 前，无涂层沥青组表面的降温速率最快，疏水组试件的次之，超疏水组的最慢。约 50min 时，普通组（无涂层）试件率先出现冰水混合物后温度上升至 0℃左右，随后温度又逐渐下降；疏水、超疏水组试件出现上述现象的时间则分别为 60min 和 75min。由此可见，超疏水涂层试件对比另外两组，其表面水滴具有结冰滞后及降温速率慢的特点。

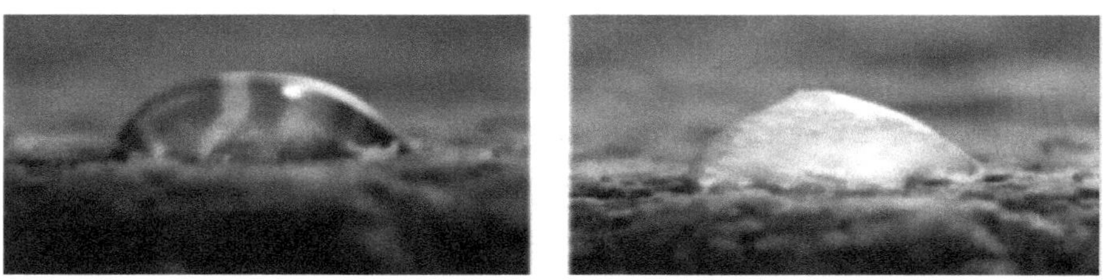

（a）普通组

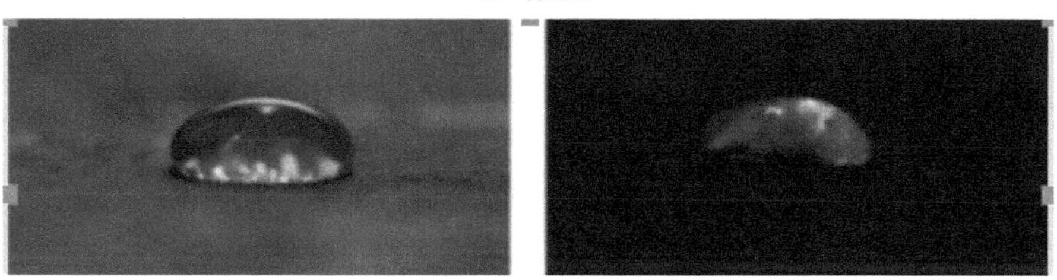

（b）疏水组

图 4.38 三种沥青马歇尔试件表面水滴的结冰过程

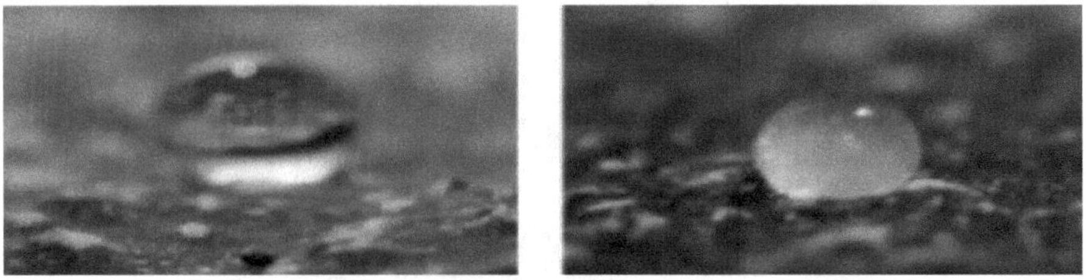

（c）超疏水组

图 4.38（续）

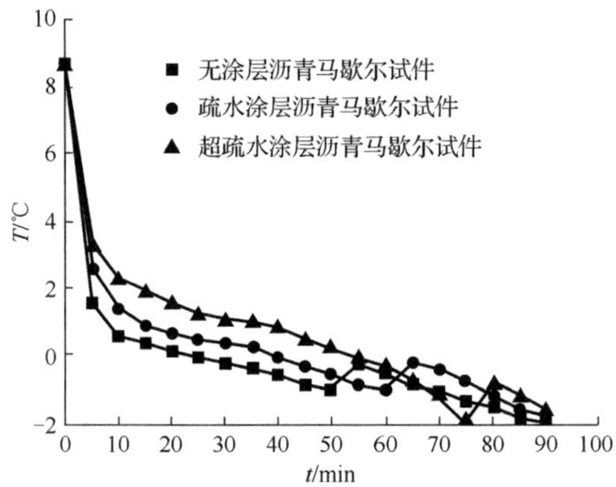

图 4.39　三种沥青马歇尔试件表面水滴的降温速率曲线

（3）沥青混合料表面冰层黏结强度测试。图 4.40 为三种沥青马歇尔试件表面冰层黏结力随温度变化的曲线。随着温度的降低，三组试件表面冰层黏结力都增大。当温度从-5℃降至-20℃时，普通组试件的黏结力从 44N 上升至 47N，疏水组试件的黏结力从 11N 上升至 18N，超疏水组试件的黏结力从 8N 上升至 15N。原因在于疏水、超疏水涂层都在一定程度上填补了路面空隙，水滴无法渗透入空隙中，结冰后无法与沥青混合料形成锚式结构，从而大幅减小了其黏结力。而处于 Cassic 状态的超疏水涂层表面粗糙结构与冰层接触面之间还存在大量隔离的空气，使冰层与路面的实际接触面积更小，所以相对于疏水涂层有更小的黏结力。由此可见，疏水涂层与超疏水涂层都能减小冰层的黏结强度，而超疏水涂层的效果尤为明显，这就为实现依靠轮胎自应力破除沥青路面上的冰层提供了方便。

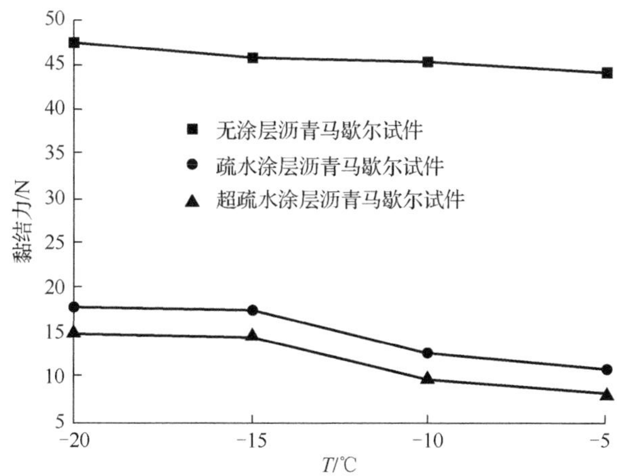

图 4.40　三种沥青马歇尔试件表面冰层黏结力随温度变化的曲线

4.5.7　与国内外同类技术比较以及存在的问题

1. 与国内外同类技术的比较

与国内外同类技术比较，本项目开发出的产品及技术具有较好的先进性，主要包括：研究了具有防冻抗滑功能的超疏水沥青路面结构材料，可有效提升极端低温雨雪条件下的应急反应能力，减小事故发生率，保障交通畅通；将超疏水材料与路面相结合，制备出一种可达到防冰减冰效果的环保路面材料；对制备的试件进行接触角试验，其疏水效果显著；将制备的超疏水材料体系成功应用于沥青路面的铺装工程中，其综合性能优良，防覆冰效果好。

与国内外同类理论比较，本项目的研究理论创新性，主要包括：CD 利用“荷叶”自清洁仿生原理对沥青进行了设计，使其适应特殊环境的功能性要求；根据超疏水理论对沥青材料进行了界面设计，建立了其设计体系；运用了自行设计的“冰-路”附着力试验、模拟降雨结冰试验，并对多种恶劣天气下的超疏水沥青路面进行了综合而全面的性能测试，并设计出了超疏水抗凝冰材料的最佳配方，可有效增强沥青的微结构密实度，弱化微结构渗水通道，提高结构耐久性，从而有效提高行车安全，延长路面使用寿命。

2. 存在的问题

本项目的研究主要以自然界中的“荷叶效应”为思路来源，以超疏水材料基本性质及其在输电线路防冻、减冰等方面的实际应用为理论基础，设计出一种具备防冰、减冰性能的超疏水材料，并将其应用于沥青路面中，从而得到相关有益的研究成果，获得了一系列实践经验，可为后续推广应用提供了一定的理论和实践基础，但仍需要进一步开展深入的试验研究。

（1）本项目的实际应用性能尚需要在工程中进一步检验，如超疏水表面对抵抗紫外老化和长期磨耗等性能方面，需要进一步研究和论证。

（2）如何建立超疏水沥青路面模型来分析耐久性与防覆冰性能值得进一步研究。

（3）由于优化后的超疏水沥青路面的造价相对较高，尚需进一步研发低成本的超疏水材料。

（4）本项目中的相关技术具有一定的先进性，但必须进一步加大成果宣传力度，扩大成果影响。同时，与实际工程单位长期保持密切联系，积极推进材料体系设计的革新，以进一步获得工程界对新材料体系的认可。

4.6 小　　结

（1）超疏水沥青路面材料可有效促进液滴滚落，从而减少覆冰质量；在相同的结冰环境下，普通沥青材料在 1h 后已经完全结冰，而超疏水组表面的水仍以球状水滴的形式存在；通过锤击试验，测得普通沥青材料表面冰的残留率为 0.807，而超疏水沥青材料表面冰的残留率仅为 0.311；普通组试件表面冰的附着力平均值为 227.1N/m，超疏水试件表面冰的附着力仅为 48.9N/m。这表明超疏水沥青路面材料有较优异的抗凝冰性能。

（2）超疏水沥青材料表面的接触角高达 150.2°，而普通沥青材料表面接触角仅有 86.2°。与此同时，测得接触角为 56.17°的普通沥青路面试件，其表面能高达 50.14mJ/m^2；而接触角为 137.48°的超疏水沥青路面试件，其表面能降低到 4.09mJ/m^2，表明随着疏水性的提高，材料表面能逐渐降低，接触角增加，抗凝冰性能也越来越好。

（3）随着摩擦次数的增加，超疏水沥青材料表面的接触角逐渐下降，但当摩擦次数超过 500 次时，下降速率减慢，并逐渐趋于稳定。这表明其具有良好的耐磨性能。

（4）依托永吉高速建设项目，介绍了超疏水沥青路面抗凝冰功能层材料的施工工艺，并对其进行了经济性分析。通过抗滑性能试验，表明路面在喷涂超疏水涂料后，摆值和构造深度均有所降低，但仍满足规范要求。因此超疏水沥青路面抗凝冰功能层材料具有较好的抗滑性能。超疏水沥青路面抗凝冰功能层材料施工简便，在保证抗凝冰性能的同时，兼具较好的经济性。

第五章　超疏水-自发光水泥基路面材料与性能

5.1　超疏水-自发光水泥基路面功能层材料制备

5.1.1　长余辉发光材料简介

长余辉发光材料，俗称荧光粉，属于光致储能发光材料，可在太阳光或紫外线激发下吸收能量并储存起来，当停止光源激发时，所收集的激发能量再慢慢转化为光辐射释放出来，产生发光现象[62]。根据激发特点，该材料可分为光致发光、电致发光、X 射线发光、摩擦发光、声致发光、阴极发光、热释光、化学发光和生物发光等。根据其基质材料选择的不同，该材料可分为硫化物类、铝酸盐、硅酸盐、钛酸盐、硫氧化物和其他基质类长余辉发光材料[63]。长余辉发光材料因其发光颜色多样、余辉时间长、发光亮度高、化学性能稳定及环保节能无辐射等优点被广泛应用于建筑装饰、消防安全、通信设备、广告牌等诸多领域[64]。近年来，随着对蓄光型长余辉发光材料的深入研究，相继研发出新型夜光纤维、发光陶瓷、发光涂料、发光塑料、发光玻璃与人造发光石等制品，并逐渐在功能性纺织品、公共场所及公路交通警示标志、建筑装饰装潢及功能型建筑材料方面得以应用（图 5.1），且取得了较好的应用效果[65-68]。

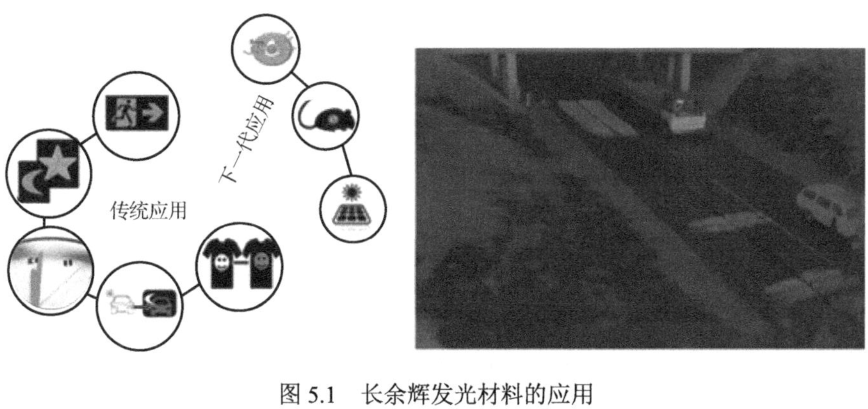

图 5.1　长余辉发光材料的应用

目前，虽然长余辉发光材料在生活中各行业都有广泛的应用，但其工程应用主要集中于建筑装饰装潢及功能美化方面，而将其用于道路建筑材料方面以改善其使用性能的相关研究还未见报道。因此研发出一种白天蓄能夜间发光的自发光路面材料并将其用于道路路面，对建设绿色、节能、环保型公路具有重要意义。

5.1.2 超疏水-自发光水泥基路面功能层材料制备

1. 自发光水泥基功能层材料的制备

前期研究发现，将发光粉等量取代水泥掺入至水泥基材料中，成型后的试件不仅强度较低，其发光效果也有待提高。基于此，为确定自发光水泥基功能层材料的合理配合比，首先选择发光粉掺量、反光粉掺量和水胶比三个因素为考察对象，每个因素选择选取三个水平进行 L_9（3^4）正交试验得出自发光水泥基功能层材料的最优配比。其中，发光粉和反光粉掺入量以等量替代细集料的方式进行控制，并制备一组未掺发光粉与反光粉的对照组[69]。

在得到自发光水泥基功能层材料的最优配比后，为了进一步分析发光粉与反光粉掺量对水泥基材料性能的影响规律并考虑到降低经济成本，用不同比例的发光粉（25%、30%、35%）与反光粉（3%、5%、7%）等量取代细集料制备出白天吸光蓄能夜间发光照明的自发光水泥基功能层材料（图 5.2），在标准养护条件下养护至规定龄期时取出，通过试验对该材料的各项性能进行研究[70-71]。

图 5.2　自发光水泥基功能层材料

2. 超疏水表面涂层设计

（1）超疏水表面涂层材料制备。首先，称取适量的乙醇、加入去离子水稀释后搅拌均匀，分别将硅烷/硅氧烷类物质与氟硅烷类物质添加到稀释溶液中，并添加一定量的氨水调节溶液 pH 值，使其保持在 7.5～8.5；然后使用磁力搅拌器以 5 000r/min 的转速匀速搅拌 10min 后加入纳米二氧化硅溶胶，将混合溶液加热至 60℃后继续匀速搅拌 1h 后，制备出超疏水表面涂层材料溶液。

（2）试件表面超疏水化处理与复合材料制备。使用提前制备好的两种超疏水材料对养护至规定龄期的自发光水泥基材料试件表面进行疏水改性处理，首先用吹风机将试件表面的灰尘与杂质吹除，再用刷子将试件表面难以被吹除的杂质清理掉，以保证试件表面处于清洁无污染状态。然后将两种超疏水材料以不同的涂覆量（0.2L/m^2、0.4L/m^2、0.6L/m^2）均匀涂覆于试件表面，每次涂覆均分三次完成且每次间隔 2min。涂覆完成后，对处理后的试件进行养护，使用塑料薄膜包覆试件表面，以防止灰尘与水等污染刚处治后的试件表面，从而使试件的疏水性能降低。待 1d 时表面涂层干燥后，即可对试件进行各项性能测试。超疏水自发光试件效果如图 5.3 所示，超疏水自发光水泥基功能层材料的详细制备流程如图 5.4 所示。将发光粉（15%、30%、45%）与反光粉（5%、10%、15%）等量取代细集料，水胶比分别取 0.36、0.40、0.44，利用水泥胶砂搅拌机（图 5.5）制备出 40mm×40mm×160mm 规格的标准水泥砂浆自发光试件（图 5.6）。

图 5.3　超疏水自发光试件效果

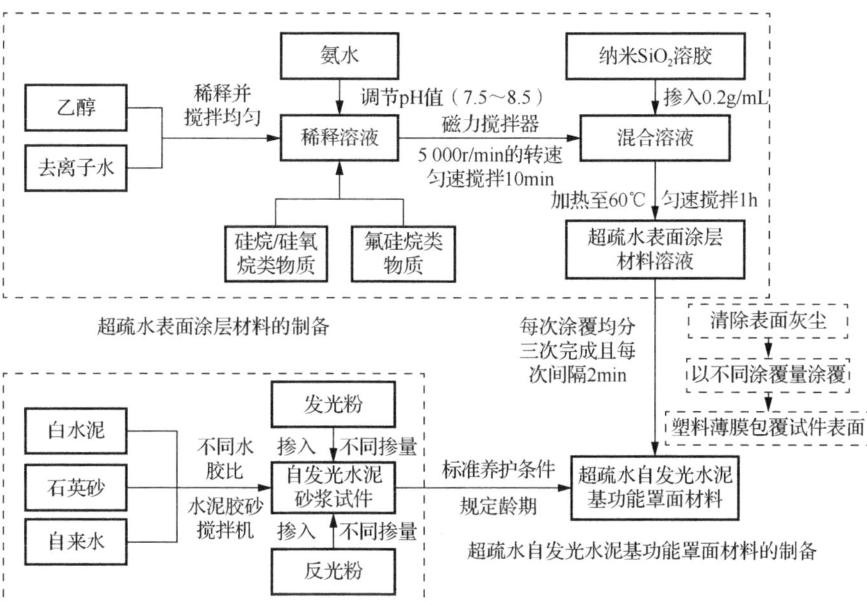

图 5.4　超疏水自发光水泥基功能层材料的详细制备流程

图 5.5　水泥胶砂搅拌机

图 5.6　水泥砂浆自发光试件

5.2　超疏水-自发光水泥基路面材料的发光性能

5.2.1　试验方法

超疏水-自发光水泥基路面材料的发光性能的具体试验方法见 5.1 节，制备出 50mm×50mm×20mm 的自发光试件，采用两种超疏水材料按图 5.7 所述涂覆浓度进行表面改性处理，待试件表面涂层干燥后，分别采用照度为 100 lx 的 D65 光源在黑暗环境下对所有自发光试件进行光照 10min，光照结束后利用屏幕亮度计测试各组试件在不同时间的发光亮度及余辉时间，分析超疏水涂层对发光试件发光性能的影响。

5.2.2　结果分析与讨论

发光试件经光源激发 10min 后初始亮度与 10min 发光亮度测试结果见图 5.7。由图 5.7 可以发现，未涂覆超疏水材料的试件初始亮度、10min 亮度分别为 6.36cd/m^2、0.51cd/m^2，而涂覆了超疏水材料的试件发光亮度与对照组相比变化较小，几乎无影响。分析认为，超疏水涂层为无色透明的液体，当其渗入水泥基材料内部后，会在试件表面及内部形成一层透明的保护膜，该保护膜并不会阻止试件中发光粉对光源的吸收。同时由于余辉亮度衰减是一个动态的过程，因此不同时间测量亮度时，可能会出现较小误差。由此可以得出结论，超疏水表面材料对试件发光性能影响较小，可忽略不计。

七组试件余辉时间测试结果见图 5.8。由图 5.8 可以发现，对照组试件余辉时间为 546min（9.1h），而另外几组试件的余辉时间几乎与对照组一致，测试结果均相差几分钟，说明表面涂覆的超疏水材料并不影响试件余辉时间，影响发光亮度与余辉时间的主要是发光粉与反光粉掺量。以对照组的余辉衰减曲线为例（图 5.9），可发现发光试件发光亮度在 10min 内衰减最快，10min 时亮度为 0.51cd/m^2，约为初始亮度的 8%，发光亮度 10min 后逐渐趋缓，到 9.1h 时已测不到有效亮度值。

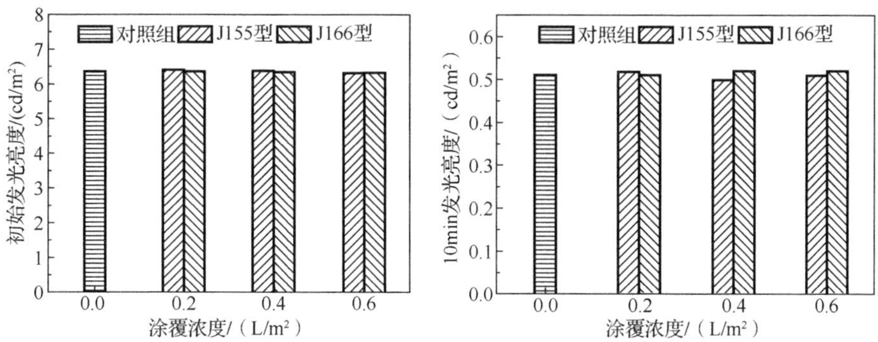

图 5.7　发光试件发光亮度测试结果

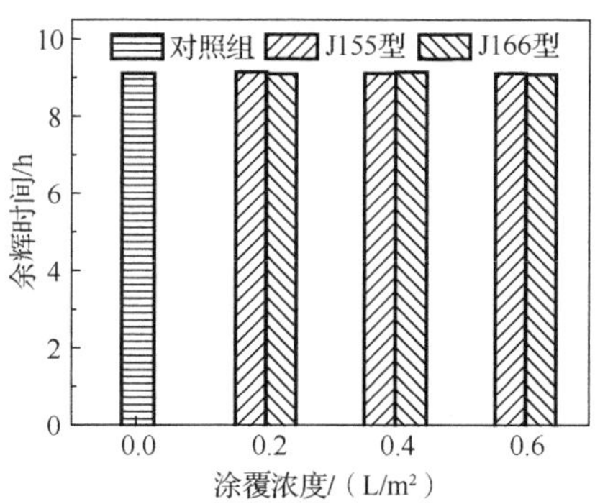

图 5.8　发光试件余辉时间测试结果

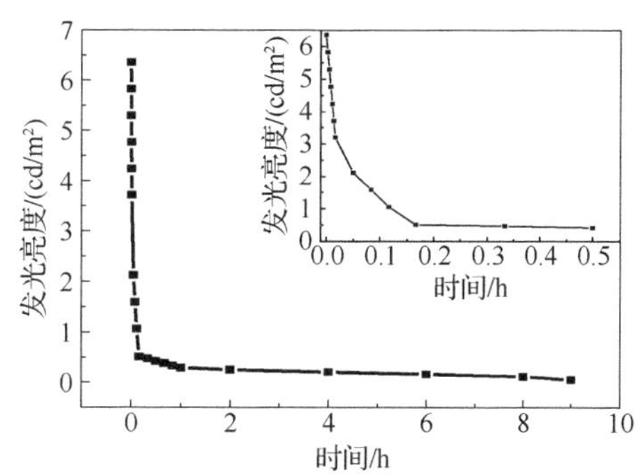

图 5.9　对照组余辉衰减曲线

5.3　超疏水-自发光水泥基路面材料的疏水性能

5.3.1　试验方法

参照《公路蓄能型自发光交通标识》（JT/T 967—2015）[72]进行，根据表 4.1 制备出 50mm×50mm×20mm 的自发光试件，采用不同超疏水材料按照不同涂覆浓度对试件表面进行疏水化处理，待试件表面涂层干燥后，采用德国 KRüSS 公司研发生产 DSA100 接触角测量仪（图 5.10）对试件表面进行接触角测量。该仪器大样品面积（$L×H$）：300mm×150mm；接触角测量范围 0°~180°，测量精度±0.1°；

表面/界面张力测量范围为（1×10^{-2}）～（1×10^{3}）mN/m；分辨率为±0.05mN/m，其光学系统为 7 倍放大。

图 5.10　DSA100 接触角测量仪

接触角测量步骤具体如下：先从每组试件中选取表面平整度较好的试件，清理干净其表面；将所测试件平整放置于接触角测量仪样品台上并使试件表面不出现倾斜；打开接触角测量仪所连计算机及 DSA10 软件，设定相应参数，选择座滴法进行接触角测量；将滴水针装到仪器上并调节相应高度，使液滴低落高度略高于样品平台，并将液滴流出体积设置为 3μL；使用该仪器测试试件表面接触角并记录相应数据，同时保存相应测试图片与数据；待测试结束后重新更换试件，进行重复测试。

5.3.2　结果分析与讨论

七组试件接触角及表面疏水性能测试数据及测试结果如表 5.1 和图 5.11 所示，可以发现未涂覆超疏水材料的对照组试件（0 组）表面测不出水滴接触角且具有较高的表面能，因为试件表面存在大量羟基而呈现出较强的亲水性，当液滴与试件接触时，液滴在试件表面完全浸润而深入试件内部。而涂覆了超疏水材料的试件表面具有较大的接触角，采用硅烷/硅氧烷疏水剂处理的试件（1 组～3 组）表面接触角能达到 150.8°～152.7°，随着涂覆浓度的增加，试件的接触角随之增加，表面能逐渐降低，试件处于超疏水状态，具有较好的疏水性能。采用氟硅烷处理的试件（4 组～6 组）表面接触角能达到 154.4°～159.8°，完全达到超疏水状态，且试件具有很低的表面能，最低可达-19.11mJ/m^2。

表 5.1　超疏水自发光水泥试件疏水性能测试数据

序号	0	1	2	3	4	5	6
接触角/CA（°）	0	150.8	152	152.7	154.4	156.8	159.8
自由能/（mJ/m^2）	97.04	−7.51	−10.69	−11.32	−13.28	−15.97	−19.11

分析认为：产生超疏水现象主要是因为其表面具有较低的表面能以及微纳米二级结构，而本书所制备的超疏水涂层材料为低表面能物质修饰下的粗糙结构，因此具有较好的疏水效果。当雨天来临时，液滴落在超疏水表面，其表面的粗糙结构能有效降低固-液界面之间的接触面积，使原先两者“面接触”转变为“点接触”，即使试件表面有大量灰尘积累，雨水也会快速带走其表面上的灰尘，由此赋予发光试件较好的自清洁性能。

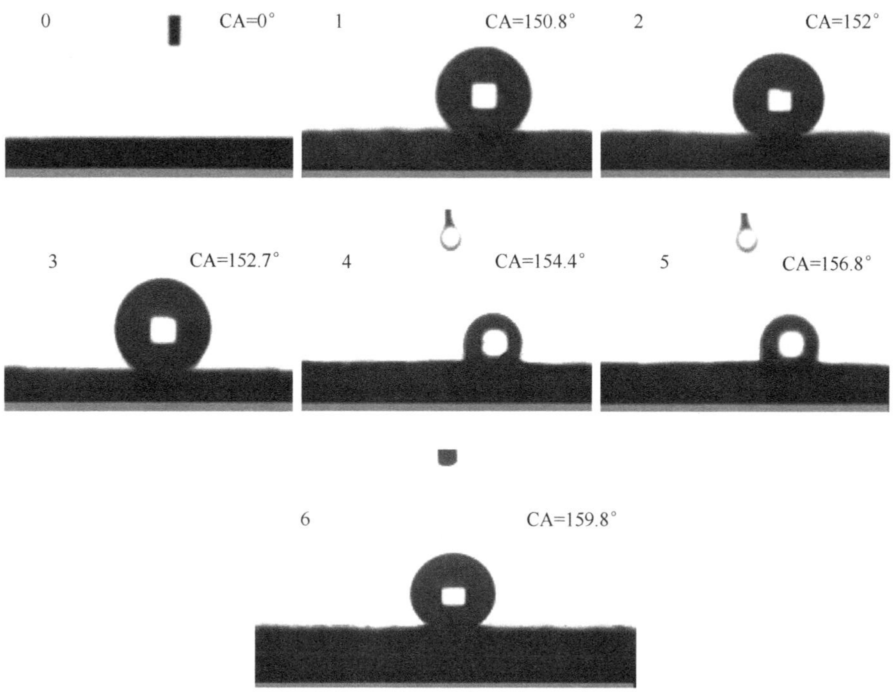

图 5.11　超疏水自发光水泥试件疏水性能测试结果

5.4　超疏水-自发光水泥基路面材料的其他性能

5.4.1　力学性能

1. 试验方法

具体试验方法见5.2节，制备出40mm×40mm×160mm的自发光水泥砂浆试件，采用两种超疏水材料按表5.2所述涂覆浓度进行表面改性处理，待试件达到规定龄期后测定砂浆试件的抗折强度与抗压强度。

表 5.2　超疏水自发光水泥基功能层材料方案设计

<table>
<tr><th>序号</th><th>发光粉比例/%</th><th>反光粉比例/%</th><th>水胶比</th><th>超疏水材料种类</th><th>涂覆浓度/（L/m²）</th></tr>
<tr><td>0</td><td rowspan="7">30</td><td rowspan="7">5</td><td rowspan="7">0.44</td><td></td><td></td></tr>
<tr><td>1</td><td rowspan="3">J155</td><td>0.2</td></tr>
<tr><td>2</td><td>0.4</td></tr>
<tr><td>3</td><td>0.6</td></tr>
<tr><td>4</td><td rowspan="3">J166</td><td>0.2</td></tr>
<tr><td>5</td><td>0.4</td></tr>
<tr><td>6</td><td>0.6</td></tr>
</table>

2. 结果分析与讨论

涂覆了超疏水材料的试件 7d、28d 抗折强度与抗压强度试验结果（图 5.12），可发现，未涂覆超疏水材料的自发光试件 7d 抗折强度与抗压强度分别为 5.3MPa、30.7MPa，28d 抗折强度与抗压强度分别为 10.1MPa、40.2MPa，而涂覆了超疏水

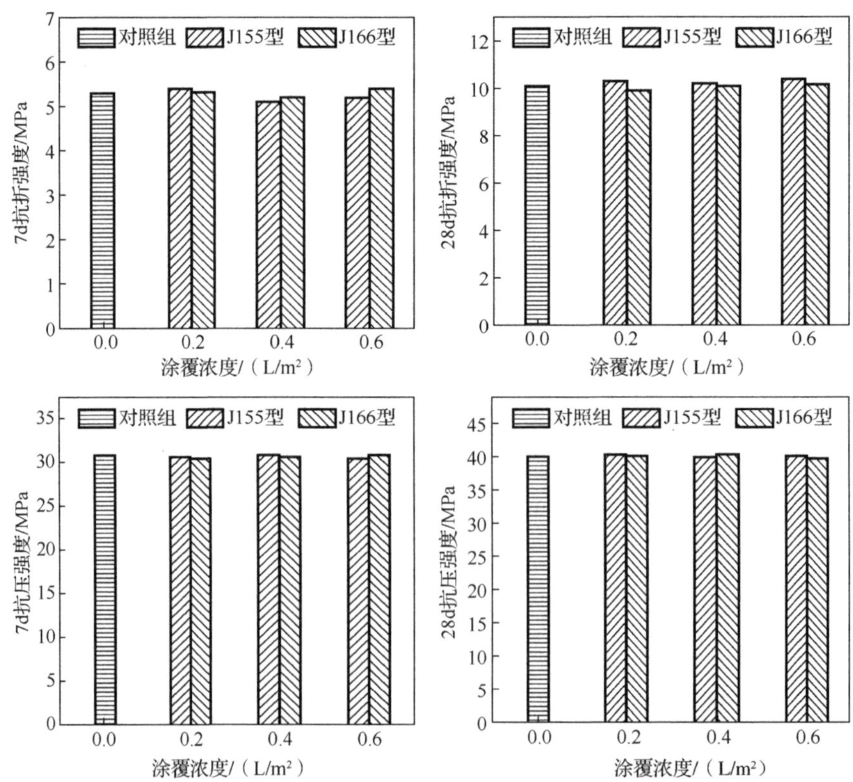

图 5.12　不同龄期发光试件的力学性能

材料的六组试件抗折强度与抗压强度大致相同。涂覆的超疏水材料种类与其涂覆浓度的多少虽然对试件强度有影响，但影响不明显，试件抗折强度误差均在±0.4MPa以内且无规律，因此可忽略。分析认为，超疏水表面材料属于有机涂层溶液，当其被涂覆在试件表面后会固化形成一层透明的保护膜且其渗入的深度为1～3mm，因此并不会影响硬化水泥石内部的微观组成，故超疏水材料的涂覆不会明显影响发光试件的力学性能。

5.4.2　耐磨性能

1. 试验方案

基于前期研究结果，本节发光面层材料由30%发光粉、5%反光粉与一定量的白水泥、石英砂、水等材料混合搅拌均匀制备而成，超疏水涂层材料采用两种不同种类的超疏水材料，并保持其涂覆量一定，经硬化成型且涂层干燥后进行水泥砂浆耐磨耗试验，同时设置未掺发光粉与反光粉且未涂覆超疏水材料的对照组试件作为对比。通过对四组试件进行耐磨耗试验，进而研究其磨耗前后试件的性能变化。具体耐磨耗试验试件设计方案如表5.3所示。

表5.3　耐磨耗试验试件设计方案

<table>
<tr><th rowspan="2">序号</th><th rowspan="2">水泥质量/g</th><th colspan="2">发光粉</th><th colspan="2">反光粉</th><th rowspan="2">砂质量/g</th><th rowspan="2">水质量/g</th><th rowspan="2">减水剂质量/g</th><th rowspan="2">水胶比</th><th rowspan="2">超疏水材料种类</th><th rowspan="2">涂覆浓度/（L/m²）</th></tr>
<tr><th>比例/%</th><th>含量/g</th><th>比例/%</th><th>含量/g</th></tr>
<tr><td>0</td><td>396</td><td></td><td></td><td></td><td></td><td>1187</td><td>22.5</td><td>0.45</td><td>0.44</td><td></td><td></td></tr>
<tr><td>1</td><td rowspan="3">396</td><td rowspan="3">30</td><td rowspan="3">356</td><td rowspan="3">5</td><td rowspan="3">59</td><td rowspan="3">772</td><td rowspan="3">22.5</td><td rowspan="3">0.45</td><td rowspan="3">0.44</td><td></td><td></td></tr>
<tr><td>2</td><td>J155</td><td rowspan="2">0.4</td></tr>
<tr><td>3</td><td>J166</td></tr>
</table>

2. 试验方法

本章参考规范《公路工程水泥及水泥混凝土试验规程》（JTG E30—2005）[51]进行耐磨耗试验。具体步骤如下。

（1）根据表5.3中所述配合比制备成型150mm×150mm×30mm的标准水泥砂浆试件，将其放入标准养护箱养护24h±0.25h后取出进行脱模，并再次移入标准养护箱进行养护。

（2）待试件养护至21d时取出，采用刷子或湿抹布等工具清理试件表面灰尘等脏物。

（3）待试件表面清理干净后进行超疏水涂层处置，将提前配制好的两种超疏水材料以 0.4L/m^2 的涂覆浓度均匀喷涂于试件表面，每组试件均反复喷三次，每次喷涂完且待涂层干燥后再重复进行下一次喷涂。

（4）待所有试件均涂覆完超疏水材料且涂层完全干燥后，将其移入标准试验箱进行养护，待养护至 28d 时，取出并准备进行耐磨耗试验。

（5）将试件放置在 TMS-400 水泥混凝土磨耗试验机平台上（图 5.13）并使涂覆了超疏水材料的一面朝上，将试件用夹具固定。将试件放在 300N 荷载下进行预磨 30r 后取出并称取试件的质量，记录为 m_1。

图 5.13　耐磨耗试验水泥砂浆制备过程

（6）将称量后的试件再次放到耐磨耗试验机平台上再次进行测试，再次磨 40r 后取出，清除试件表面灰尘后称取试件质量并记录为 m_2。测试结束后根据下面公式进行计算每组试件的单位面积磨耗量，每组测试结果取三个试件测试结果的平均值，计算结果精确至 0.001kg/m^2：

$$G = \frac{m_1 - m_2}{0.0125} \tag{5.1}$$

式中：G——单位面积的磨耗量，kg/m^2；

m_1——试件的初始质量，kg；

m_2——试件的磨耗后质量，kg；

0.012 5——试件磨耗面积，m^2。

（7）待耐磨耗试验结束后，对测试完的试件进行发光性能测试，利用照度为 1 000 lx 的 D65 标准光源对圆形磨耗面积区域进行光照 10min，分别测试不同时间的发光亮度与余辉时间。

（8）待发光学性能试验测试完后进行疏水性能试验，利用接触角测定仪对圆形磨耗面积区的接触角进行测定，并与未磨耗前进行对比，分析磨耗对试件疏水性能的影响。

TMS-400 水泥混凝土磨耗试验机及耐磨耗试验结果如图 5.14 所示。

图 5.14　TMS-400 水泥混凝土磨耗试验机及耐磨耗试验结果

3. 结果分析与讨论

试件的单位面积磨耗量大小能真实反映水泥混凝土试件的耐磨性能优劣，磨耗量越小则表明试件的耐磨性能越佳。四组试件的耐磨耗试验测试结果如表 5.4 及图 5.15 所示。可以发现，0 号对照组的磨耗量为 0.8kg/m^2，当在水泥砂浆中掺入发光粉与反光粉时，试件的磨耗量降低到 0.32kg/m^2，相比于 0 号对照组，磨耗率降低了 60%。当在试件表面涂覆了两种超疏水材料后，试件的磨耗量分别为 0.4kg/m^2、0.32kg/m^2，与 0 号对照组相比，磨耗率降低了 50%～60%，而与未涂覆超疏水材料的 2 号试件相比，试件的磨耗量变化幅度非常小，几乎可以忽略不计，说明超疏水涂层对试件表面的耐磨性能影响甚微。此外，根据《民用机场水泥混凝土面层施工技术规范》（MH 5006—2015）中相关要求，水泥混凝土路面的磨耗量应不大于 3.0kg/m^2，而从试验结果可知，掺了发光粉和反光粉的试件与涂覆了超疏水材料的试件的磨耗量虽然相比于 0 号对照组有所增加，但其磨耗量均在上述规范要求的范围内，符合相关规定。

表 5.4　耐磨耗试验测试结果

序号	磨耗前质量/kg	磨耗后质量/kg	磨耗量/（kg/m^2）	降低百分率/%
0	1.640	1.630	0.8	0
1	1.637	1.633	0.32	60
2	1.639	1.634	0.4	50
3	1.638	4.634	0.32	60

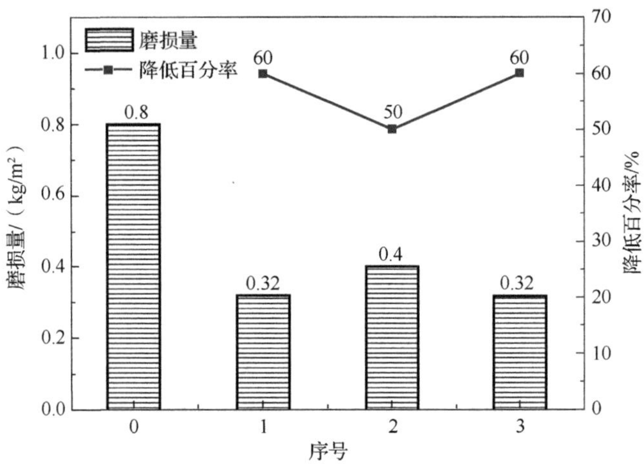

图 5.15　水泥砂浆耐磨耗试验结果

5.4.3　耐老化性能

超疏水自发光水泥基功能层材料直接暴露于自然环境中，长期受到来自外界环境中的多重复杂因素影响。试件表面的超疏水涂层材料作为一种有机高分子材料，不仅需要抵抗外界荷载作用对其自身的破坏作用，还需要防止紫外线的辐射作用对其分子结构造成的破坏，严重时会加速涂层结构的老化速度，从而影响超疏水涂层的使用效果与寿命周期。因此，通过对涂覆了超疏水涂层材料的水泥基材料进行紫外线辐射模拟老化试验研究，进而评价其表面耐老化性能显得很有必要。

1. 试验方案

参照 5.2 节中试件制备方法制备出两组超疏水自发光水泥基功能层材料（试件 2、3），待达到规定龄期后，对其进行耐老化试验，测定紫外线照射不同时间后试件表面接触角大小。

2. 试验方法

根据《机械工业产品用塑料、涂料、橡胶材料人工气候加速试验方法》（GB/T 14522—93）进行试验，本节采用伟煌科技试验设备有限公司生产的环境模拟多功能试验箱（图 5.16），该试验箱中有 8 根功率为 25W 的紫外灯管，能产生波长为340nm 的紫外光。试验时将表面涂覆了超疏水材料的两组试件放入试验箱，测试环境设置为温度 60℃、湿度 95%。将试件放入试验箱中进行模拟紫外线老化试验，待其达到测试时间后取出，分别测试其在 7d 内的接触角变化。

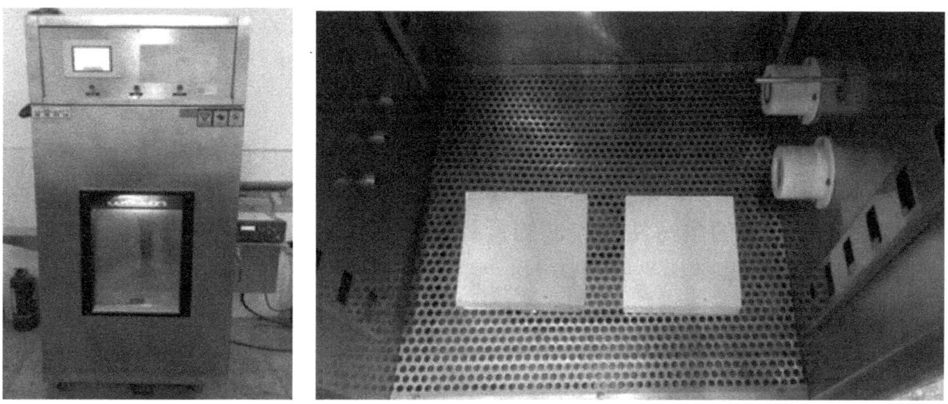

图 5.16　环境模拟多功能试验箱

3. 结果分析与讨论

两组试件表面经过紫外线老化后的接触角测试结果如表 5.5 与图 5.17 所示。可以看出，两组试件的接触角在老化试验后呈现出一定程度的波动，但变化幅度并不大，虽略有降低，但仍能达到超疏水定义要求。1 号试件试验前后的接触角为 150.2°～153.3°，降低了 3.1°左右；2 号试件试验前后的接触角为 155.9°～159.9°，降低了 4°左右。水滴在试件表面仍能保持较圆润的球形，表明两种超疏水涂层均具有较好的耐紫外线老化稳定性。

表 5.5　紫外线老化后时间表面接触角

组别	接触角/（°）							
	0d	1d	2d	3d	4d	5d	6d	7d
1	153.3	153.2	152.7	150.5	150.7	151	150.8	150.2
2	159.9	159.8	156.6	156.8	157.3	156.1	155.9	156.2

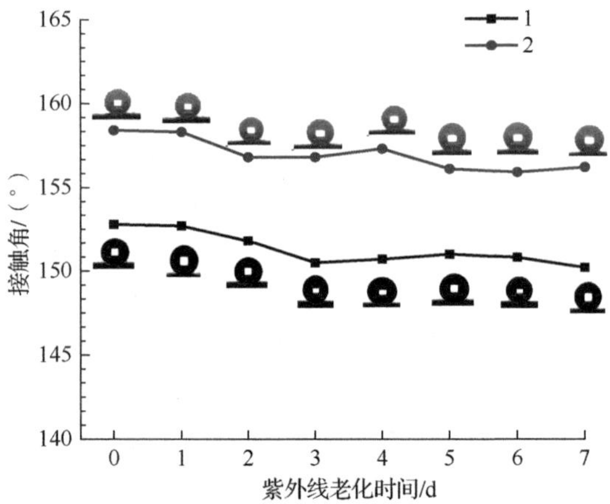

图 5.17　紫外线老化测试结果

分析认为：超疏水材料中的 SiO_2 表面存在大量的—CH_3 与—CF_3 基团，由于这些组分具有较高的耐污性与较低的紫外线敏感性，而使该材料比普通高分子物质具有更强的耐紫外线光辐射能力。同时，SiO_2 的主链上还存在大量极性较强的 Si—O 共价键，因此该超疏水材料比其他普通高分子化合物具有更高的键能和更强的耐紫外线光稳定性。另外，从图 5.17 中可以看出，经过氟化处理后的 2 号试件接触角比 1 号要高，其原因在于 2 号试件表面存在大量的 C—F 键，其键能高达 485kJ/mol，能使试件表面长期保持低表面能状态而具有较强的超疏水性能，同时其较强的键能可赋予超疏水涂层材料中的有机官能团以优异的耐老化能力，从而使得超疏水涂层在紫外线长期辐射下很难被降解。紫外线试验后试件表面接触角略有下降，其原因在于 SiO_2 中的分子链上含有大量的—OH 基团，当环境中存在紫外线时会使其分子链出现断裂，从而导致试件表面超疏水性能下降。

5.4.4　耐污性能

超疏水自发光功能层材料长期暴露于自然环境下，其表面极易受到污染。为了使其表面保持较优异的发光性能，因此需要其具有较佳的耐污性能来防止外界灰尘等杂物附着于试件表面。试件表面的疏水性能不良，不仅会直接影响试件的耐污性能，还可能使雨水渗入自发光水泥基材料内部，使得部分发光粉水解而导致试件的发光性能受到影响，从而降低了发光道面的服役寿命。为了保证自发光水泥道面的发光效果，针对超疏水自发光功能层材料的耐污性能研究显得尤为重要。因此，本节主要通过对三组试件进行模拟短期污染研究，来综合评价该材料的表面耐污性能。

1. 试验方案

为了测试并评价超疏水自发光功能层材料试件表面涂层的疏水性能及耐污性能，本节首先采用黑色碳粉对涂覆了不同种类超疏水材料的试件与对照组表面进行模拟污染研究，通过记录三组试件表面的污染情况来评价其表面耐污性能。试验方案如5.3节中表5.3第1～3组所示。

2. 试验方法

根据表5.1中设计方案，将30%发光粉与5%反光粉均匀混合后掺入白色硅酸盐水泥中制备出自发光水泥基材料，试件尺寸为160mm×160mm×30mm，待其固化24h后进行拆模并移入标准养护室养护7d；将试件从标准养护箱中取出备用，将提前配制好的两种超疏水材料取出，以0.4L/m^{2}的涂覆浓度将其均匀涂覆于2号、3号试件表面，并将两组试验试件与1号对照组放置在干燥通风的环境中，等待试件表面干燥固化成膜；耐污性试验：将黑色碳粉装入可均匀喷洒出来的瓶子中，将三组试件的表面均匀喷洒一层碳粉后，用自来水将试件表面的碳粉冲洗干净，拍照记录三组试件的表面形貌。

3. 结果分析与讨论

三组试件表面被碳粉污染后经过自来水冲刷前后的耐污性测试结果对比图如图5.18所示。由图5.18可以发现，三组试件在测试前表面均较干净洁白，表面疏水性能较好。当在试件表面喷涂满黑色碳粉并经自来水冲刷后，1号试件表面堆积的部分碳粉虽然能被冲洗掉，但紧紧黏附在试件表面的碳粉很难被清除，这是因为水泥基材料表面存在许多孔径较小的孔隙或裂缝，当碳粉附着在试件表面时，这些粒径较小的碳粉颗粒便能渗入试件内部微小孔隙中并紧紧吸附在试件内部，即使有水存在，也很难被清洗干净。

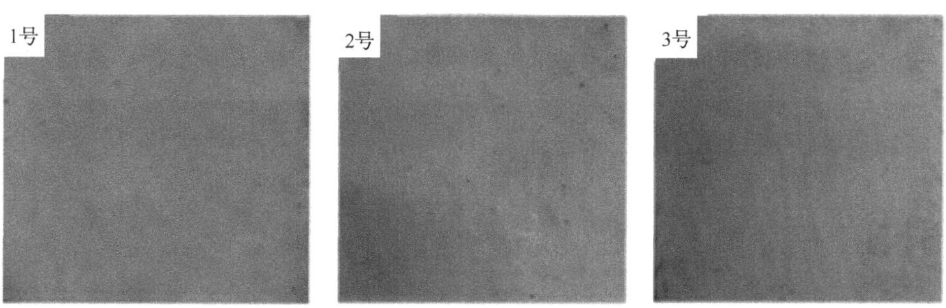

（a）测试前

图5.18　耐污性测试结果对比图

（b）测试中

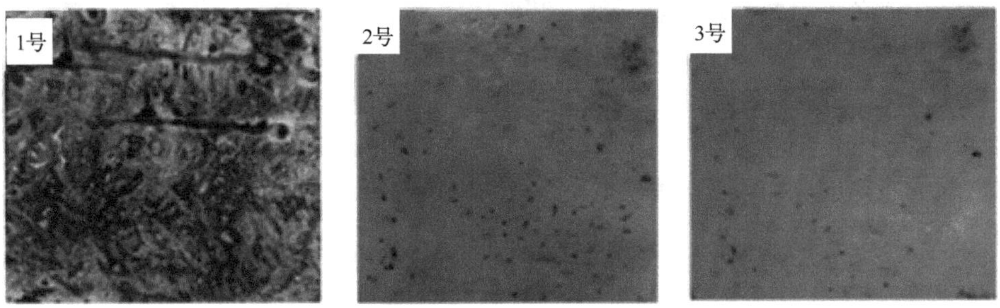

（c）测试后

图 5.18（续）

然而，在试验结束后，2 号、3 号试件表面的黑色碳粉能很容易被冲洗干净，试件表面的清洁效果比试验前相差不大，说明对试件表面进行超疏水处理后，对提高试件的耐污性能与长期使用性能具有积极的促进作用。这是因为在试件表面涂覆超疏水材料后，该有机高分子溶液会深深渗入水泥混凝土内部孔隙结构并与混凝土逐渐整体固化，在试件表面固化成膜并形成一层微-纳米复合粗糙结构，从而隔绝水泥混凝土与外部环境相接触（图 5.19）。此时，碳粉便被该涂层阻隔在外，当用水冲洗时，试件表面的碳粉便能被水轻易冲洗掉而使试件表面免受污染。此外，从图 5.18 中还可以看出，3 号试件表面比 2 号试件表面稍微干净、洁白，这

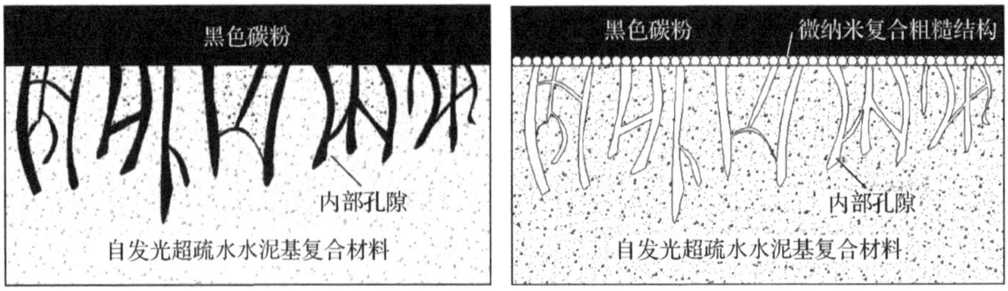

图 5.19　耐污示意图

一方面是因为试件制备原因而导致 2 号试件表面存在较多孔隙，从而使碳粉在孔隙中堆积而不易被清洗；另一方面是因为 3 号试件表面涂覆了氟化的硅氧烷类材料，其本身疏水效果就优于 2 号试件。

5.5　超疏水-自发光水泥基路面材料微观结构及机理分析

本书选用不同种类的超疏水材料对自发光水泥基材料表面进行疏水处理，可对比优选出疏水性能较优异的疏水涂层方案。为探讨两种超疏水材料对自发光水泥基材料表面疏水改性机理，本节从微观测试角度出发，通过 SEM 试验对超疏水试件表面结构特征区域的二维微观形貌进行了观察，通过 AFM 试验测试了试件表面的粗糙度并观察了其微观三维结构特征，并通过 FTIR 试验分析了两种超疏水材料对水泥基材料的影响机理。

5.5.1　SEM 试验

1. 试验方案

通过前面研究发现，超疏水材料的涂覆浓度对试件接触角大小影响较小，而超疏水材料的种类对接触角影响较大。因此，本节选择 0.4L/m^2 的涂覆浓度，将制备好的超疏水材料涂覆于水泥砂浆试件表面，通过 SEM 试验研究了不同超疏水材料在水泥砂浆试件表面干燥固化成膜后的表面微观形貌。SEM 试验方案设计如表 5.6 所示。

表 5.6　SEM 试验方案设计

序号	发光粉比例/%	反光粉比例/%	水胶比	超疏水材料种类	涂覆浓度/（L/m^2）
0	30	5	0.44	0	0.4
1				J155	
2				J166	

2. 结果分析与讨论

为探讨超疏水水泥基材料表面疏水性能形成原因及疏水性能优劣，将配制好的两种超疏水材料按照 0.4L/m^2 的涂覆浓度均匀涂覆于水泥砂浆试件表面，待其表面完全干燥后，利用扫描电子显微镜对两组试件表面微观特征进行观察，不同超流水材料处理水泥砂浆试件表面 SEM 图如图 5.20 所示。由图 5.20 可以发现，在相同的放大倍数下，试件表面微观存在较大的差异，图 5.20（a）为未涂覆超疏水材料的对照组试件，其表面存在许多颗粒状 C—S—H 凝胶及较多的孔隙，水化产物层层堆积形成致密的结构。

如图 5.20（b）所示，试件表面较光滑且存在许多粒径较小的凸起结构，这些凸起结构与基体之间连接紧密且连接处非常光滑，充分表明硅烷/硅氧烷疏水材料中的烷基官能团成功接枝到纳米 SiO_2 表面并将其包覆起来，并与硬化水泥基体表面紧密结合在一起。同时超疏水材料能渗入较深的硬化水泥基体内部，待其干燥成膜后能填充基体内部的孔隙，在基体表面形成一层深入内部的膜，从而有效阻止液体进入基体内部，提高试件疏水性能。

如图 5.20（c）所示，涂覆了氟硅烷疏水剂的试件表面粗糙度较大且起伏明显，同时还具有大量的微米凸起结构，微米级凸起结构表面存在许多纳米级颗粒，这些多级结构相互交织堆积形成微纳米二级复合粗糙结构。分析认为：纳米 SiO_2 中加入经过氟化的硅烷类疏水材料后，在硅氧链上成功接入表面能较低的含氟支链，当在试件表面涂覆超疏水材料后，大量的纳米颗粒将在试件表面聚集形成一些不同粒径的颗粒，这些颗粒再堆积形成粗糙结构。该粗糙结构与低表面能物质相互作用，可深入渗透进基体内部填充大量孔隙并与基体紧密结合，使得试件表面疏水性能大幅增强。

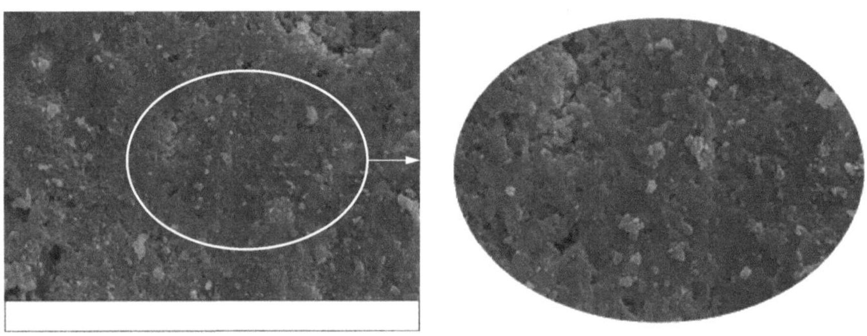

放大2 000倍　　放大5 000倍

（a）对照组

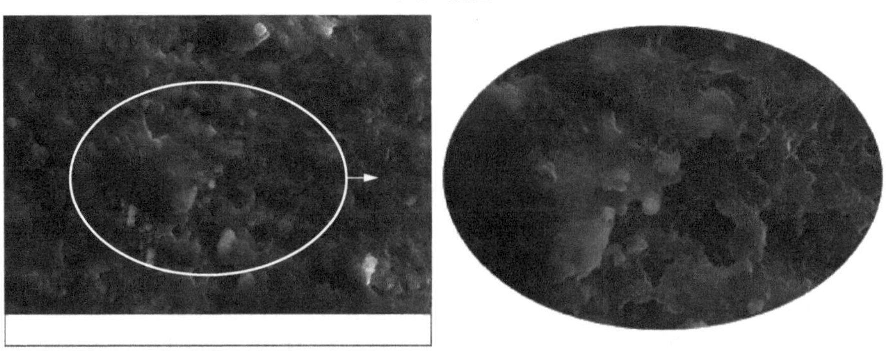

放大2 000倍　　放大5 000倍

（b）硅烷/硅氧烷类

图 5.20　不同超疏水材料处理水泥砂浆试件表面 SEM 图

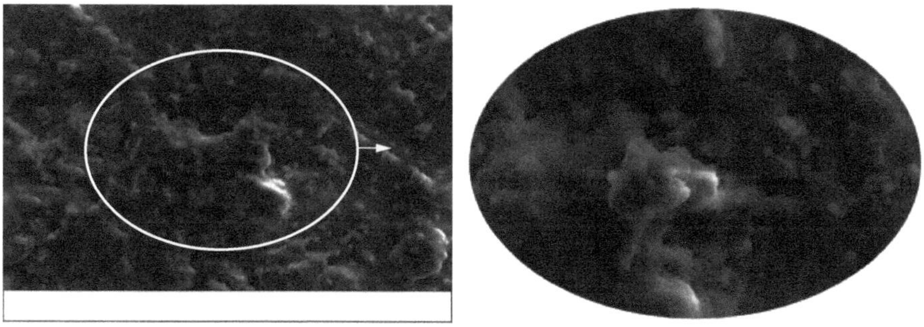

放大2 000倍　　放大5 000倍

（c）氟硅烷类

图 5.20（续）

5.5.2　AFM 试验

1. 试验方案

为了更深层次地研究超疏水自发光水泥砂浆试件的作用机理，本节选择 $0.4L/m^2$ 的涂覆浓度，将制备好的超疏水材料涂覆于水泥砂浆试件表面，采用原子力显微镜（atomic force microscope，AFM）试验对涂覆了超疏水材料的自发光水泥砂浆试件表面粗糙度以及三维结构特征进行观测。AFM 试验方案如表 5.7 所示。

表 5.7　AFM 试验方案

发光粉比例/%	反光粉比例/%	水胶比	超疏水材料种类	涂覆浓度/（L/m^2）
30	5	0.44	J155	0.4

2. 试验方法

本试验参考《分析型扫描电子显微镜方法通则》（JY/T 010—1996）进行，通过对涂覆了两种超疏水材料的自发光水泥砂浆试件进行 AFM 试验，来表征其表面微观结构三维特征。本试验所用试验仪器为德国布鲁克 Dimension Edge 型原子力显微镜（图 5.21），该仪器具有先进的纳米级测量能力，能精确测定细微颗粒表面微纳米结构的二维、三维特征与粗糙度，可在空气中或液体环境中操作。其具有 500 万像素的高分辨率相机和电驱动可编程平台，可提供快速样品导航和高效多点测量。从大范围扫描到分辨检测的无缝过渡可在短时间内获得准确结果。AFM 测试步骤如下。

（1）试件制备。将水泥砂浆试件切成面积小于 $1cm^2$ 的正方形试件，选择非切割面较平整的表面进行涂覆两种超疏水材料，涂覆浓度为 $0.4L/m^2$，待其表面完全干燥后进行 AFM 测试。

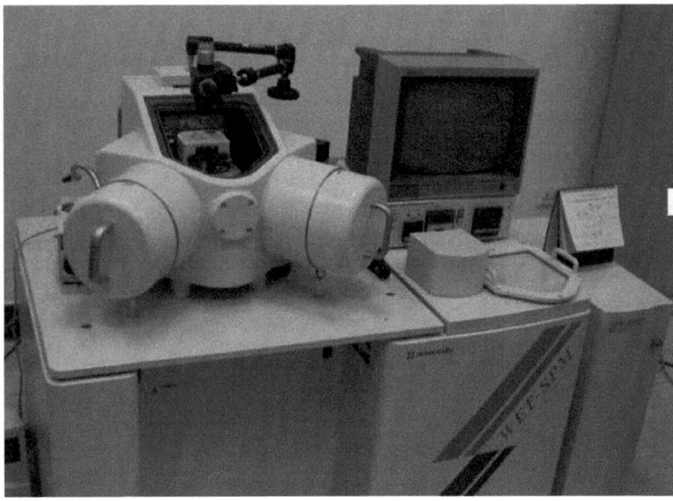

图 5.21　布鲁克 Dimension Edge 型原子力显微镜

（2）操作模式。由于本试验测试件品为固体样品，采用非接触模式，即测试时使针尖与试件表面相距 5～10nm，开始震荡扫描。试件与针尖的相互作用力的大小由范德华力进行控制，一般为 10～12N，该操作模式不仅能保护试件表面微观结构不被破坏，还能避免探针尖被试件表面的灰尘污染。

（3）操作步骤。①开机并打开助剂、显示器及 Nanoscope 控制器；②选择长度合适的探针并将其安装到测试仪器中；③调节激光的大小与位置，使其能完全照射试件表面；④打开计算机桌面上的 Nanoscope 软件，调整探针在试件表面的距离、设置相关试验参数并进行扫描测试。

3. 结果分析与讨论

为进一步研究超疏水自发光水泥基功能层材料表面微观特征，采用原子力扫描电镜对涂覆了两种超疏水材料的试件表面微观特征进行分析，两组试件表面的 AFM 图如图 5.22 所示。由图 5.22 可以发现，两组试件表面均分布着粒径为 50～500nm 的微小凸起结构。1 号试件表面的平均面粗糙度 Ra 为 178nm，均方根 R_q 为 226nm；2 号试件表面的平均面粗糙度 Ra 为 384nm，均方根 R_q 为 471nm。分析认为，超疏水涂层材料在试件表面固化成膜后，超疏水材料中的含硅基团或含氟基团会在硬化水泥基体表面富集，同时有机溶液中的纳米颗粒会在微米级的水化产物表面层层堆积而形成颗粒尺寸大小不一的多级微纳米复合粗糙结构。由此可见，两组试件的表面均分布有大量的凸起结构且具有一定的粗糙度，由此赋予其表面较优异的疏水性能。同时，还可以看出 2 号试件表面的粗糙度均高于 1 号试件，说明 2 号试件表面的疏水性能优于 1 号试件，符合前面接触角试验结果。

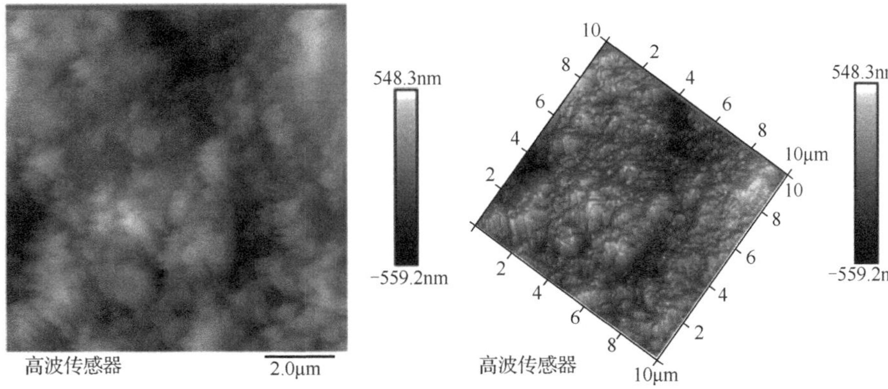

（a）1号试件

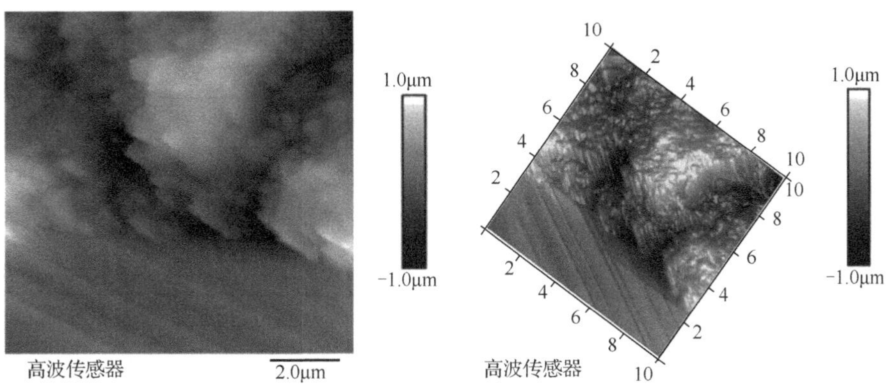

（b）2号试件

图 5.22　两组试件表面的 AFM 图

5.5.3　FTIR 试验

1. 试验方法

傅里叶变换红外光谱仪（Fourier transform infrared spectrometer，FTIR）试验方案同 SEM，本试验参考《红外光谱定性分析技术通则》（GB/T 32199—2015）[73]进行，分别对两种超疏水涂层材料及涂覆了超疏水材料的水泥砂浆试件进行 FTIR 试验，通过测试试件官能团进行分析超疏水材料疏水机理。本试验所用试验仪器为德国布鲁克光谱仪器公司生产的 Tensor 27 傅里叶红外光谱仪（图 5.23），其分辨率为 0.5cm^{-1}，速度为 40 张光谱/s，精度为 0.005cm^{-1}（波数精度）、0.07%T（吸收精度），信噪比优于 40 000∶1，专利 ROCKSOLID 干涉仪，抗震性能优，可以连接红外显微镜、气相色谱、振动圆二色光谱，远红外线、中红外线、近红外线多波段测量。FTIR 测试步骤如下。

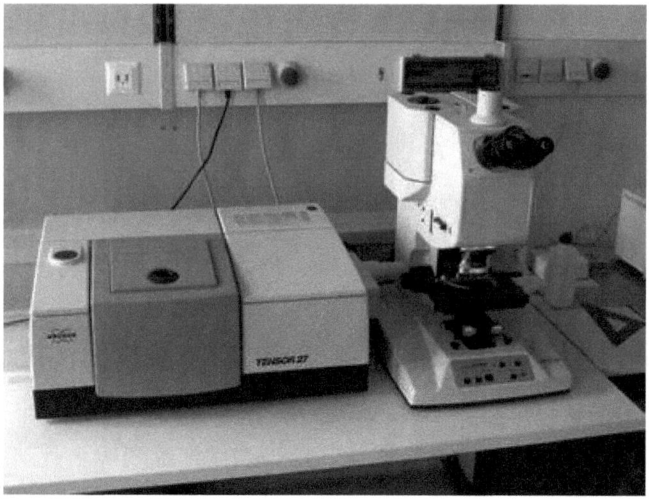

图 5.23　Tensor 27 傅里叶红外光谱仪

待水泥砂浆试件表面超疏水材料干燥 24h 后，进行红外光谱测定，试验环境温度保持恒定（温度 15～30℃；湿度小于 75%）。

对于 0～2 组试件，采用压片法进行试验，将超疏水材料处理后的水泥基材料取样并与溴化钾一起置于玛瑙研钵中进行研磨，边研磨边转动研钵，使其充分混合均匀，其中测试粉末样品用量为 1mg，溴化钾用量为 100mg，待混合物充分混合后放入压力模具进行压片处理（图 5.24），在 10～20MPa 下压 1～2min 即可；对于 3 组和 4 组试件，由于为有机溶液，可将其直接滴在溴化钾窗片上进行直接测定。

图 5.24　压片处理

将放有压片样品或有机溶液的溴化钾窗片放入仪器中进行扫描，记录并保存相应测试结果。

2. 结果分析与讨论

为探讨超疏水材料的疏水机理并验证两种超疏水材料的疏水效果，分别对两种超疏水溶液与涂覆了两种超疏水材料的水泥砂浆试件进行红外光谱分析。不同超疏水材料 FTIR 测试结果如图 5.25 所示。可以发现，两种超疏水溶液在 802.66cm^{-1} 和 1 095.72cm^{-1} 处均存在较强的特征吸收峰，该峰对应为 Si—O—Si 反对称振动吸收峰，在 1 260.94cm^{-1} 与 1 458.59cm^{-1} 处分别出现—CH_3 变形振动、—CH_2 弯曲振动。在 3 464.74cm^{-1} 处存在—OH 振动吸收峰，说明超疏水溶液中氟硅烷水解产生的—Si—OH 与纳米 SiO_2 表面存在大量—OH 基团。同时，氟硅烷疏水剂内还具有大量的 Si—H 基团，在 2 167.33cm^{-1} 处还存在较强的伸缩振动强度。此外，当在硅烷链上接入含氟基团时，纳米 SiO_2 表面接入氟硅烷基团形成烷链，在 2 957.64cm^{-1} 处出现—Si—O—C_2H_5 反对称振动吸收峰，并在 891.82cm^{-1} 和 1 024.05cm^{-1} 处出现 C—F 反对称吸收峰，表明两种超疏水材料中硅烷或氟硅烷类物质水解产生硅烷醇类物质，且经过氟化处理后，SiO_2 表面成功接入氟链，最终得到低表面能的超疏水材料。

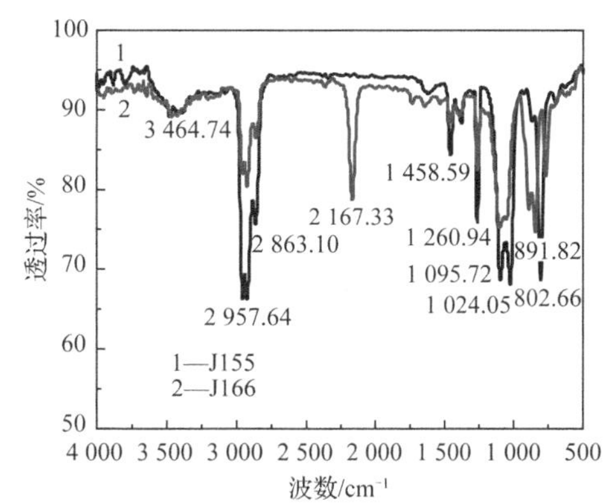

图 5.25　不同超疏水材料 FTIR 测试结果

涂覆不同超疏水材料的试件与对照组 FTIR 测试结果如图 5.26 所示。可以发现，对照组在 1 093.17cm^{-1} 处出现 Si—O—Si 反对称振动吸收峰，当在试件表面涂覆了超疏水材料后，试验组在该处产生了较强的振动作用，且涂覆了氟硅烷类疏水剂的试件在该处产生的振动强度比涂覆硅烷类疏水剂的试件高。试验组在 801.54cm^{-1} 处均产生了较强的 SiO_2 不对称伸缩振动峰，而对照组在该处振动强度较弱，说明超疏水材料中含有大量的纳米 SiO_2 并附着于水泥基材料表面。由于三组试件均以水泥基材料为基底，其内部存在大量的碳酸盐，且 CO_3^{2-} 具有较强的共价键，故在 1 475.79cm^{-1} 处都出现了 CO_3^{2-} 的非对称伸缩振动。试验还发现，在 2 962.58cm^{-1} 处产生了—Si—O—CH_3 反对称振动吸收峰，而对照组未检测到该基团，充分说明试验组试件表面成功接入了硅烷基团，由此赋予水泥基体疏水性能。由于混凝土极易吸水，故三组试件表面存在大量亲水基团—OH，且均在 3 457cm^{-1} 处出现较宽的—OH 伸缩振动吸收峰，该基团可与氟硅醇表面的羟基发生脱水缩合反应，在基底表面构建微纳米二级结构，从而使亲水表面变为疏水表面。

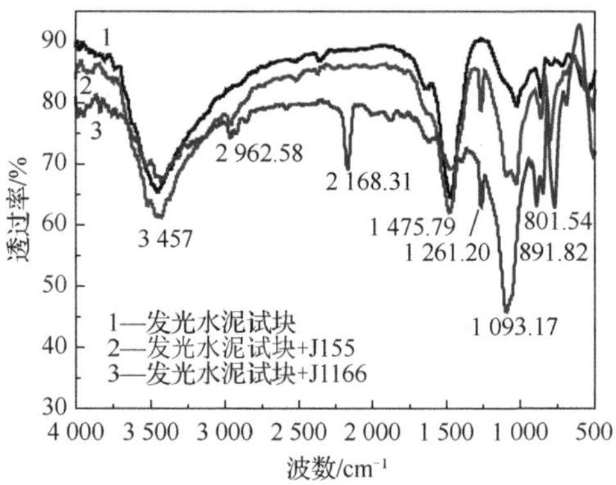

图 5.26 涂覆不同超疏水材料的试件与对照组 FTIR 测试结果

5.6 超疏水-自发光水泥基路面材料的整体作用效果评价

本书旨在将超疏水材料及长余辉发光材料引入水泥路面，构建超疏水涂层，通过大量试验，制备超疏水-自发光水泥基路面材料。超疏水材料的存在，在促进液滴滚落的同时，滚落的液滴能够带走路表面的大量灰尘，不仅大幅提高了路面除冰性能，也给路面带来了良好的自清洁性能，提高了路面材料的耐水性，使该新型路面材料拥有很强的实用性。一方面，本书在满足水泥路面的力学性能要求下，能使水泥路面做到自发光，节省能源，提高行车安全性，以及有效的改善水泥路面在冬季极端雨雪条件下的防冻抗滑性能；在保证行车安全，并为其在实际工程中的推广应用提供一定的理论和实践基础。另一方面，本书可以应用于机场道面以及事故多发路段内，在正常的照明条件下，驾驶员可进行安全驾驶，但在突发停电且没有充分准备的情况下该新型路面材料的自发光性能可有效避免此现象的发生，提高道路的行驶安全度，并能达到节能减排的作用。

与传统水泥路面相比，新型材料制备试验表现出优异的路用性能与环保性能，主要包括：

（1）将长余辉发光材料与超疏水材料相结合引入水泥基胶凝材料中，得到一种新型环保的超疏水-自发光水泥路面材料。

（2）创新性地将超疏水材料引入拥有自发光性能的水泥路面材料，超疏水材料起保护作用，使易水解的长余辉发光材料不易水解，同时超疏水材料具有一定的自清洁性能，解决发光路面因遭到表面污染而导致发光强度降低的问题，增强超疏水-自发光的新型生态环保型水泥路面材料的实际可行性及寿命。

（3）新型水泥路面的应用，既满足了人们期待的安全警示和景观效果，又可提高行车安全性，降低交通事故发生率，有效提高并增强路面抗冻性能，并减少弱水损坏现象，满足节能减排的要求，有利于发展可循环经济。

5.7　小　　结

（1）采用氟硅烷疏水剂处理的复合材料的疏水性能比采用硅烷/硅氧烷疏水剂处理得好，接触角高达 159.8°，其表面能低至-19.11mJ/m^2；超疏水自发光水泥基功能层材料表面粗糙度较大且起伏明显，存在大量的微纳米复合粗糙结构，表明两种超疏水材料中硅烷或氟硅烷类物质水解产生硅烷醇类物质，且经过氟化处理后，SiO_2 表面成功接入氟链，最终得到低表面能的超疏水材料。

（2）发光粉与反光粉的掺入能显著提高自发光水泥砂浆的耐磨性能，而涂覆的超疏水涂层对耐磨性能无影响。磨耗试验结束后，复合材料表面的疏水性能显著下降，接近疏水状态，而试件的发光性能无影响。对该试件进行紫外老化试验发现 7d 后试件表面接触角下降了 3.1°～4°，证实该涂层材料具有较好的稳定性。利用黑色碳粉对试件进行模拟污染试验，发现对照组表面仍残留着大量的黑色碳粉痕迹且很难被冲洗干净，而涂覆了超疏水材料的试验组表面碳粉经水冲后能轻易被洗净，试件表面仍然干净、洁白且具有较好的疏水性能。

第六章　超疏水路面材料与结构的未来研究及发展方向

6.1　超疏水路面材料与结构未来研究需要解决的问题

超疏水防覆冰技术具有传统道路除冰盐技术无法比拟的性能优势，在保证路用功能的前提下，可有效改善路面防覆冰性能，大幅提升除冰效率与行车安全性。同时兼具节能与环保等多方面优势，为公路路面融冰雪理论和技术革新提供了新的研究思路与发展方向。就超疏水抗凝冰功能层目前的研究现状与应用情况而言，其后续理论的进一步完善、定量化的性能调控、耐久性提升技术与规模化推广应用，仍需要各领域专家学者与工程技术人员共同协作。因此，针对超疏水路面防覆冰技术的未来研究方向，作者提出以下几点建议。

（1）本书介绍的超疏水材料配比相对固定，后续仍需进行进一步的配合比优化试验，即探求在不同配合比设计参数条件下功能层抗凝冰性能的差异，以得到防覆冰性能最佳的超疏水抗凝冰功能层材料。

（2）本书展示的超疏水抗凝冰性能评价手段，多数使用的是定性分析的方法。如何在相应理论研究的基础上，建立三维超疏水路面模型，定量分析超疏水抗凝冰功能层的防覆冰性能、耐久性能与材料配合比之间的关系，实现抗凝冰功能层的定量化、可视化性能调控技术，是下一步研究的重点。

（3）本书展示的超疏水抗凝冰功能层耐久性试验仅考虑了较单一的影响因素。而在实际工程中，抗凝冰功能层要经受行车荷载及自然条件的长期耦合作用。因此，在多因素与工况耦合长期作用下，超疏水抗凝冰功能层疏水防冰性能的衰减规律与耐久性优化提升技术将成为今后的一个重点研究方向。

（4）本书介绍的超疏水防覆冰材料层虽具有一定的经济性，但制备抗凝冰功能层的单位造价仍有较大的降低空间。后续可以探求抗凝冰性能较好，且成本较低的超疏水材料，打造兼具性能、价格与推广竞争力的新型路用防覆冰材料。

（5）本书展示的用于机场道面的“超疏水+自发光”新型复合材料研究成果仅停留在初步摸索阶段，复合材料在抵抗飞机起降时的冲击与磨耗性能尚未被评估，且自发光材料的余晖亮度与衰减速度还有待进一步的优化与提升。

6.2　超疏水路面材料与结构未来的应用前景

为解决我国南方低温潮湿地区高速公路路面在冬季积雪结冰导致行车安全性下降、交通运输效率大幅降低的问题，超疏水防覆冰技术于公路工程领域的首次引入打破了传统公路除冰的思路与方法，实现了由被动型除冰技术向主动型除冰的转变，此项技术为公路防覆冰领域提供了新的发展思路，在公路工程新材料应用与技术革新方面具有首创性和开拓性意义。

试验与实践结果均表明，与传统路面防覆冰技术相比，超疏水路面抗凝冰材料具有其不可比拟的优势：该材料性质稳定、无毒无污染、零腐蚀、施工工艺简单、周期短、疏水防冰性能优异，经过其处治的路面均具有优异的疏水防冰性能，可有效提升公路运输体系在极端低温雨雪条件下的应急反应能力，减小事故发生率，保障交通畅通。此外，超疏水抗凝冰功能层拥有的“自清洁”效应，还可满足路面美观性等更高层次的运输服务需求。目前，超疏水路面防覆冰技术的研究与应用尚处在初步阶段，其防覆冰效能的定量化、可视化调控和耐久性提升技术、成本优化与可推广价值还需要众多科研、设计、施工部门的共同努力，并进行深入的探索与研究。可以预见的是，超疏水微纳米多级结构仿生复合材料必将成为未来公路防覆冰研究领域的一大主流趋势，并实现多学科领域技术的交叉互融与繁荣发展。

6.3　超疏水路面材料与结构的经济性分析

6.3.1　超疏水水泥混凝土路面材料经济性分析

超疏水水泥混凝土路面涂层处治技术在保障路用功能的前提下，能有效改善路面防覆冰性能，提升除冰效率。同时，该技术所涉及的材料具有节能、环保、技术含量高等多方面优势。但是，如果这些材料的造价过高，就会影响到它在路面养护中的推广使用。因此，下面将从成本、性价比等方面分析该技术方案的经济性。

1. 撒融冰盐技术费用分析

根据目前的常规融冰除雪方法，参考湖南省某公路管理部门往年数据资料，对当地撒融冰盐的经济性进行分析，所用融冰盐的主要技术经济指标如表 6.1 所示。

表 6.1　某融冰盐的主要技术经济指标

项目	商品名	主要成分	单价	单位用量
指标	复合高效融冰盐	NaCl、$CaCl_2$等	2 000 元/t	80g/m^2

按照永吉高速设计标准，采用的是双向四车道，按每车道宽 3.75m 计算，路面宽度共计 15m，那么可以算出每千米材料单价约 2 400 元。又因为撒融冰盐的方法属于被动融冰除雪技术，融冰盐的除冰雪效果是一次性的，这就意味着每次雨雪过后都得重新处理一次。根据湘西州高海拔山区每年的道路结冰积雪情况，估计每年需要撒融冰盐约 10 次，那么在不计人工费用的前提下，全年用在道路融冰盐上的费用将达 2.4 万元/km。

2. 超疏水涂层处治技术费用分析

超疏水水泥混凝土路面涂层技术所需的主要材料及其价格如表 6.2 所示。根据试验室所用配比，每升涂层材料所需材料总价大致为 45.6（元/L）。按照实验室的涂覆浓度 400mL/m^2，则永吉高速单位里程大约需要的材料费用 27.375 万元。从前面潮湿疏水水泥混凝土路面相关性能试验可知，经过涂层处治的水泥混凝土路面经反复的摩擦与碾压，其接触角可以保持在 100° 以上，并且疏水性的水泥混凝土路面还能保持一定的防覆冰效果，因此应用该技术，每年入冬前只需对路面处理一次即可。

表 6.2　主要材料及其价格

项目	疏水材料	纳米 SiO_2	复合改性剂	氨水	去离子水
指标	200 元/L	200 元/kg	100 元/kg	0.5 元/L	0.5 元/L
用料量	0.2L	50g	5g	0.1L	0.8L

通过对比分析两种路面除冰雪技术的单位里程造价可以发现，超疏水水泥混凝土路面防覆冰涂层处治技术的年里程费用是撒融冰方法的 10 倍多，但从绿色生态的角度来讲，永吉高速沿线山林茂密、物种繁盛，加之又是黄金旅游专线，对环境保护等方面要求极高。因此，类似于撒融冰盐等以牺牲环境为代价的路面除冰雪技术是不可取的；另外，超疏水水泥混凝土路面防覆冰涂层处置技术可以大大削弱道路表面结冰的附着强度，这将大幅降低人工除雪的劳动强度与机械除冰对路面带来的损伤，可提高路面使用寿命、减少路面损伤维修费及清冰、除雪的人工费等。再者，永吉高速地形复杂、地势险要，存在一定数量的长坡、陡坡，道路凝冰积雪导致交通事故的可能性较高。因此，能够减少路面覆冰质量的超疏

水水泥混凝土路面防覆冰涂层处置技术在遏制交通事故的发生，减少因此造成的直接或间接经济损失等方面也具有重要的作用。综上所述，可以得出结论，虽然超疏水水泥混凝土路面防覆冰涂层处置技术在前期的投资较大，但从长远来看，其具有的经济效益是巨大的。

6.3.2　超疏水沥青混凝土路面材料经济性分析

依据本项目的施工方案，需要用到的材料及设备主要有超疏水乳液原材料、改性材料 A、改性材料 B、路面清理设备、运输设备、施工设备等。超疏水沥青路面抗凝冰功能层材料施工所需材料及设备单价如表 6.3 所示。依据设计配合比，配制每升超疏水材料所需的成本约为 28.45 元/L。按照实验室的涂覆浓度 300mL/m^2，采用双向四车道，路面宽度共计 20m，则单位公里需要的材料费用大约 17.02 万元。虽然前期造价较高，但是在因冰雪导致事故的路段使用此种涂层材料，其优异的性价比就能很好体现出来。例如，在冬季易结冰的长桥路段、急弯等路段涂覆此种材料，将有效降低交通事故发生的概率，可保证人民生命财产安全，同时可减少因人工与机械除冰对路面造成的损害，可有效提高路面使用寿命、减少路面维护费用及人工、机械除冰费用。

表 6.3　材料及设备单价

项目	疏水材料	改性剂 A	改性剂 B	氨水	去离子水
指标	100 元/L	150 元/kg	100 元/kg	0.5 元/L	0.5 元/L
用量	0.2L	50g	5g	0.2L	0.7L

虽然每千米超疏水沥青路面抗凝冰功能层材料的成本与除冰盐法的成本相比，造价高出数十万元。但超疏水沥青路面抗凝冰功能层材料具有普通除冰盐法所不具有的优势：①超疏水功能层具有较好的环保性能，不易对周边植被造成破坏；②超疏水功能层可有效降低“冰-路”附着力，减少因机械除冰对路面带来的结构性损伤；③超疏水功能层具有良好的耐久性能，可重复利用次数较高，每年冬季铺设一次便可具有较好的抗凝冰性能。

6.4　超疏水路面材料与结构的社会和环保效益

与传统除冰盐技术相比，超疏水抗凝冰功能层的引入可带来显著的社会和环保效益。

（1）相比传统的除冰盐方法，盐溶液很容易进入结构中并对钢材及基础设施造成腐蚀，从而降低了路面及基础设施的服役寿命。而超疏水抗凝冰材料的使用能完全消除除冰盐腐蚀所造成的危害，即一年每千米可节省由除冰盐腐蚀所造成的间接经济价值高达 200 万～400 万元，大大节省了公路养护费用。

（2）超疏水抗凝冰材料的使用能保障道路交通的安全运营，避免因冰冻霜雪导致的交通事故的发生，预计事故降低率可高达 50%以上，保障了人民生命财产安全。

（3）超疏水防覆冰材料对路面及基础设施没有腐蚀作用，且无色、无味、无毒，不会造成环境危害，具有良好的环保性。同时，超疏水的促进液滴滚动作用，能将灰尘带离路面，从而起到路面自清洁的效果，以同时满足更高的交通运输服务需求。

（4）超疏水抗凝冰功能层材料的使用提升了公路工程沥青路面结构服役寿命，为公路工程防覆冰领域提供了新思路。促进了先进的材料制备理论及技术的发展与交通运输行业关键结构材料理论和技术的革新，具有重要的科学理论意义和实用价值。

参 考 文 献

[1] 洪乃丰. 氯盐类融雪剂的腐蚀危害与试验方法的讨论[J]. 工业建筑, 2006, 10: 61-64.

[2] 许英梅, 刘倩, 仉春华, 等. CMA 类环保型融雪剂的应用研究进展[J]. 化学世界, 2010, 51(7): 435-437+442.

[3] 李华芳. 环保型融雪剂的研究新进展[J]. 中国科技信息, 2008, 14: 27, 29.

[4] GAO Y L, HUANG L, ZHANG H L. Study on anti-freezing functional design of phase change and temperature control composite bridge decks[J]. Construction & Building Materials, 2016, 122: 714-720.

[5] 刘赫. 相变控温水泥混凝土桥面结构设计及应用研究[D]. 长沙: 长沙理工大学, 2013.

[6] 江雷, 冯琳. 仿生智能纳米界面材料[M]. 北京: 化学工业出版社, 2007.

[7] 黄亮, 高英力, 刘赫. 相变控温复合防冻桥面结构的力学稳定性分析[J]. 硅酸盐通报, 2015, 34(5): 1258-1263.

[8] 高英力, 代凯明, 黄亮, 等. 超疏水-防覆冰技术在公路路面中的研究应用进展[J]. 材料导报, 2017, 31(1): 103-109.

[9] ARABZADEH A, CEYLAN H, KIM S. Superhydrophobic coatings on asphalt concrete surfaces: toward smart solutions for winter pavement maintenance[J]. Transportation Research Record, 2016, 2551: 10-17.

[10] KONSTANTIN S, MICHAEL N, TOM K. Anti-icing and de-icing superhydrophobic concrete to improve the safety on critical elements on roadway pavements[R]. Report No. CFIRE07-03, National Center for Freight & Infrastructure Research & Education, America Wisconsin, 2013.

[11] SCOTT M, ISMAEL F V, KONSTANTIN S. Hydrophobic engineered cementitious composites for highway applications[J]. Cement and Concrete Composites, 2015, 57(3): 68-74.

[12] MACHADO P, FREITAS E, NASCIMENTO J H O, et al. Developing a super-hydrophobic asphaltic material for road pavements[C]//Territory, Environment and Construction Centre, Portuguesa, 2011.

[13] RAMACHANDRAN R, KOZHUKHOVA M, SOBOLEV K, et al. Anti-icing superhydrophobic surfaces: controlling entropic molecular interactions to design novel icephobic concrete[J]. Entropy, 2016, 18(4): 132.

[14] SONG J L, ZHAO D Y, HAN Z J, et al. Super-robust super-hydrophobic concrete[J]. Journal of Materials Chemistry A, 2017, 5(28): 1-4.

[15] FACIO D S, MOSQUERA M J. Simple strategy for producing superhydrophobic nanocomposite coatings in situ on a building substrate[J]. Acs Applied Materials & Interfaces, 2013, 5(15): 7517-7526.

[16] JUNAIDI M U M, AZAMAN S A H, AHMAD N N R, et al. Superhydrophobic coating of silica with photoluminescence properties synthesized from rice husk ash[J]. Progress in Organic Coatings, 2017, 111: 29-37.

[17] 阎映弟. 新型超疏水涂层的微纳结构设计及其表面防覆冰作用[D]. 杭州: 浙江大学, 2014.

[18] 王宗鹏. 超疏水涂层对混凝土抗冻性及防冰性影响研究[D]. 哈尔滨: 哈尔滨工业大学, 2015.

[19] 刘馨. 纳米 SiO_2-复合微球的制备及混凝土表面疏水化防护研究[D]. 兰州: 兰州交通大学, 2017.

[20] 韩正金. 高强度超疏水混凝土制备及其性能研究[D]. 大连: 大连理工大学, 2017.

[21] 袁腾, 周闯, 周健, 等. 混凝土防护用渗透型有机硅膏体的制备与性能[J]. 建筑材料学报, 2016, 19(3): 496-502.

[22] 王景明, 王轲, 郑咏梅, 等. 荷叶表面纳米结构与浸润性的关系[J]. 高等学校化学学报, 2010, 31(8): 1596-1599.

[23] BHUSHAN B, HER E K. Fabrication of superhydrophobic surfaces with high and low adhesion inspired from rose petal[J]. Langmuir, 2010, 26(11): 8207-8217.

[24] WANG Y, MO Y, ZHU M. Wettability of metal coatings with biomimic micro textures[J]. Surface and Coatings Technology, 2008, 203(1): 137-141.

[25] 卜昕阳. 超疏水材料的制备及应用[D]. 南京: 东南大学, 2016.

[26] NEINHUIS C, BARTHLOTT W. Characterization and distribution of water-repellent, self-cleaning plant surfaces[J]. Annals of Botany, 1997, 79(6): 667-677.

[27] 江雷. 从自然到仿生智能纳米界面材料[J]. 化工进展, 2003(12): 1258-1264.

[28] 江雷. 从自然到仿生的超疏水纳米界面材料[J]. 化工进展, 2003, 22(12): 1258-1264.

[29] 胡增幅, 陈国荣, 杜永娟. 材料表界面[M]. 上海: 华东理工大学出版社, 2007.

[30] 赵亚浦. 表面与界面物理力学[M]. 北京: 科学出版社, 2012.

[31] 李辉, 赵蕴慧, 袁晓燕. 抗结冰涂层: 从表面化学到功能化表面[J]. 化学进展, 2012, 24(11): 2087-2096.

[32] 陈恒真, 耿铁, 张霞, 等. 超疏水表面研究进展[J]. 化学研究, 2013, 24(4): 434-440.

[33] NAKAJIMA A, HASHIMOTO K, WATANABE T, et al. Transparent superhydrophobic thin films with self-cleaning properties[J]. Langmuir, 2000, 16(17): 7044-7047.

[34] LAFUMA A, QUÉRÉ D. Superhydrophobic states[J]. Nature Materials, 2003, 2(7): 457～460.

[35] 刘永明, 施建宇, 鹿芹芹, 等. 基于杨氏方程的固体表面能计算研究进展[J]. 材料导报, 2013, 27(11): 123-129.

[36] LIN S C, LIU M W, GURURAJAN M P, et al. Modified Young's equation for equilibrium dihedral angles of grain boundary grooves in thin films at the nanoscale[J]. Acta Materialia, 2016, 102: 364-372.

[37] 杨常卫, 何枫, 郝鹏飞. 微结构疏水表面上液滴的表观接触角[J]. 中国科学（化学）, 2010, 40(10): 1545-1549.

[38] 李小兵, 刘莹. 固体表面润湿性机理及模型[J]. 功能材料, 2007(A10): 3919-3924.

[39] 隋涛, 汪家道, 陈大融. Cassie 状态到 Wenzel 状态转换的能量分析[J]. 化工学报, 2011, 62(5): 1352-1357.

[40] PATANKAR N A. Transition between superhydrophobic states on rough surfaces[J]. Langmuir, 2004, 20(17): 7097-7102.

[41] 杨周. 仿生超疏水功能表面的制备及其性能研究[D]. 合肥: 中国科学技术大学, 2012.

[42] GUO Z G, LIU W M. Biomimic from the superhydrophobic plant leaves in nature: Binary structure and unitary structure[J]. Plant Science, 2007, 172(6): 1103-1112.

[43] JISR R M, RAMAILE H H, SCHLENOFF J B. Hydrophobic and ultahydrophobic multilayer thin films from perfluorinated polyelectrolytes[J]. Angewandte Chemie, 2005, 44(5): 782-785.

[44] HORGNIES M, CHEN J J. Superhydrophobic concrete surfaces with integrated microtexture[J]. Cement and Concrete Composites, 2014, 52: 81-89.

[45] K. 纳希. 化学热力学经典化学热力学的传统探讨[M]. 谢高阳, 等译. 上海: 复旦大学出版社, 1989.

[46] CHENG T, HE R, ZHANG Q, et al. Magnetic particle-based super-hydrophobic coatings with excellent anti-icing and thermoresponsive deicing performance[J]. Journal of Materials Chemistry A, 2015, 3(43): 21637-21646.

[47] 高英力, 李学坤, 代凯明, 等. 超疏水仿生水泥混凝土路面防覆冰技术及效能评价[J]. 材料导报, 2017, 31(14): 132-137.

[48] 高英力, 李学坤, 黄亮, 等. 超疏水仿生水泥路面防覆冰设计及模型试验[J]. 硅酸盐通报, 2016, 35(10): 3288-3294.

[49] 交通部公路科学研究院. 公路水泥混凝土路面施工技术规范: JTG F30—2003[S]. 北京: 人民交通出版社, 2003.

[50] 中交公路规划设计院有限公司. 公路水泥混凝土路面设计规范: JTG D40—2011[S]. 北京: 人民交通出版社, 2011.

[51] 交通部公路科学研究院. 公路工程水泥及水泥混凝土试验规程: JTG E30—2005[S]. 北京: 人民交通出版社, 2005.

[52] 中国建筑科学研究院. 普通混凝土力学性能试验方法标准: GB/T 50081—2002[S] 北京: 中国建筑工业出版社, 2002.

[53] 中国建筑材料联合会. 蒸压加气混凝土性能试验方法: GB/T 11969—2008[S] 北京: 中国建筑工业出版社, 2008.

[54] SPRAGG R, CASTRO J, LI W, et al. Wetting and drying of concrete in presence of deicing salt solutions[C]// Cement & Concrete Composites, 2011, 33(5): 535-542.

[55] 中华人民共和国住房和城乡建设部. 普通混凝土长期性能和耐久性能试验方法标准: GB/T 50082—2009[S]. 北京: 中国建筑工业出版社, 2009.

[56] GAO Y L, XU Y S, ZENG W, et al. Salt-frost resistance and mechanism analysis of super-hydrophobic pavement cement concrete for different deicing salts[J]. Road Materials and Pavement Design, 2021, 22(8): 1908-1929.

[57] 高英力, 代凯明, 李学坤, 等. 超疏水沥青混凝土抗凝冰性能及评价[J]. 材料导报, 2017, 31(24): 63-68.

[58] 中交路桥技术有限公司. 公路沥青路面设计规范: JTG D50—2017[S]. 北京: 人民交通出版社, 2017.

[59] 交通部公路科学研究院. 公路工程沥青及沥青混合料试验规程: JTG E20—2011[S]. 北京: 人民交通出版社, 2011.

[60] 交通部公路科学研究院. 公路沥青路面施工技术规范: JFG F40—2004[S]. 北京: 人民交通出版社, 2004.

[61] GAO Y L, QU L C, HE B, et al. Study on effectiveness of anti-icing and deicing performance of super-hydrophobic asphalt concrete[J]. Construction and Building Materials, 2018, 191: 270-280.

[62] 姜岭, 常程康, 毛大立. 长余辉发光材料的研究进展[J]. 无机材料学报, 2004, 2: 268-274.

[63] 李松坤, 王小平, 王丽军, 等. 长余辉发光材料的研究进展[J]. 材料导报, 2014, 28(5): 63-67.

[64] 郭凯, 刘小清, 曹雯婕, 等. 隧道辅助照明多功能蓄光发光涂料的应用研究[J]. 公路, 2017, 62(10): 262-265.

[65] 刘应亮, 雷炳富, 邝金勇, 等. 长余辉发光材料研究进展[J]. 无机化学学报, 2009, 25(8): 1323-1329.

[66] 储志强, 刘东华, 周康宁, 等. 碱土铝酸盐长余辉发光材料的研究进展与发展方向[J]. 金属材料与冶金工程, 2019, 47(1): 27-32.

[67] 孙心瑗, 黄世明, 顾牡, 等. Dy^{3+}和 Tb^{3+}掺杂硅酸盐玻璃的发光性能[J]. 硅酸盐学报, 2008, 4: 526-530.

[68] 朱爱玲, 廉世勋, 李承志, 等. 用两种方法合成长余辉发光玻璃的对比研究[J]. 中国稀土学报, 2002, 6: 625-629.

[69] 高英力, 何倍, 蒋正武, 等. 超疏水改性自发光水泥基材料的性能和微结构[J]. 建筑材料学报, 2020, 23(1): 192-199+209.

[70] GAO Y L, HE B, XIAO M Q, et al. Study on properties and mechanisms of luminescent cement-based pavement materials with super-hydrophobic function[J]. Construction and Building Materials, 2018, 165: 548-559.

[71] HE B, GAO Y L, QU L C, et al. Characteristics analysis of self-luminescent cement-based composite materials with self-cleaning effect[J]. Journal of Cleaner Production, 2019, 225: 1169-1183.

[72] 全国交通工程设施（公路）标准化技术委员会. 公路蓄能型自发光交通标识: JT/T 967—2015[S]. 北京: 人民交通出版社, 2015.

[73] 中国机械工业联合会. 红外光谱定性分析技术通则: GB/T 32199—2015[S]. 北京: 中国标准出版社, 2015.